SUPER 1인 변호사

START 편

"변호사 21인의 성공 전략"

#개업바이블 #변호사네트워크 #스타트업자문 #워킹맘
#미국변호사 #공유오피스 #유튜버 #1인기업

변호사 안현주 외 21인 지음

지혜와지식

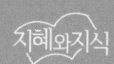

SUPER 1인 변호사

START 편

지혜와지식

차례

글을 시작하며   10

제1부
우리는 이렇게 변호사 개업을 결심했다

▮ 1인 변호사 사무실 개업을 결심하다

사례 ①
다양한 방식으로 자유롭게 일하기 위해 개업하다   17

사례 ②
한 단계 성장하기 위해 용기를 내다   19

사례 ③
가정과 일의 건강한 양립을 위해 개업하다   21

사례 ④
악몽 같았던 블랙에서 탈출하며 개업을 결심하다   23

▮ 행복한 개업변호사가 되기 위한 마음가짐
- 내 삶을 주체적으로 설계해보기   24
- 스스로 일의 의미를 떠올려보기   25
- 스스로에 대한 분석 연습   27
- 자신의 관심사를 주요 업무 분야로 연결하기   29
- 홀로 선 개업변호사의 함께 걷기   31

제2부
이렇게 변호사 개업을 준비하라

▮ 개업하기 좋은 시기는 언제일까
- 개업을 위한 워밍업   35
- 가능하면 다양한 경험을 쌓은 후 개업하자   35
- 개업 의지가 확고해진 후에 해도 늦지 않다   36

▌사내변호사에서 개업변호사로 커리어 변화를 꿈꾸신다면

- ■ 사내 변호사로 쌓은 전문성은 개업의 밑거름이 된다   38
- ■ 업무 분야를 정리하고 문서화해 두자   42
- ■ 미래의 고객을 만날 기회를 놓치지 말 것   44
- ■ 송무 경력은 천천히 쌓아도 늦지 않다   45

▌나에게 맞는 개업 형태를 찾자

- ■ 자유로운 1인 변호사로 개업하기   48
    - 1) 왜 1인 변호사 사무실인가?
    - 2) 장점 및 단점
    - 3) 다양한 협력 사례
        - · 노무사와의 협력
        - · 세무사, 법무사와의 협력
        - · 변호사와의 프로젝트성 협업
- ■ 대안: 심리적 안정감을 주는 별산제로 개업하기   58
- ■ 대안: 마음이 맞는 동료와 공산으로 개업하기   59

▌1인 변호사 사무실, 어디가 좋을까

- ■ 변호사 사무실 위치선정 노하우   62
    - 1) 어떤 분야를 주력으로 할지를 먼저 고려하라
    - 2) 주로 맺어온 인맥이 어느 지역에 있는지를 살펴라
- ■ 지역별 팁   63
    - 1) 서초, 교대 지역
    - 2) 역삼, 삼성동 지역
    - 3) 문정동 지역
    - 4) 강서(마곡) 지역
    - 5) 경기도 수원 지역
    - 6) 수도권 외 지방
        - · 충남 천안 지역

- 전남 광주 지역
- 서울과 지방에서 동시에 업무를 수행하는 경우

▍지역을 정했다면, 사무실을 찾을 차례

- ■ 사무실 임차의 모든 것 : 비용이 문제로다   79
  - 1) 비용
  - 2) 인테리어
  - 3) 사무실을 구할 때 주의할 점
- ■ 공유오피스를 선택한다면 고려해볼 사항   84
  - 1) 서울 서초 공유오피스를 택한 A
  - 2) 서울 강서(마곡)의 공유오피스를 택한 B
- ■ 집에서도 가능한 변호사 개업   88

▍변호사 개업에 필요한 행정 업무

- ■ 주소 변경   90
- ■ 사업자등록   91

▍사무실 운영에 필요한 물품 정리

- ■ 로고   92
- ■ 컴퓨터   93
- ■ 공기청정기   94
- ■ 의류청정기(에어드레서, 스타일러)   94
- ■ 냉장고   94
- ■ 정수기, 냉온수기(생수 배달)   95
- ■ 복합기 렌탈(OA)   95
- ■ 커피머신   96
- ■ 서류 봉투 등   96
- ■ 판촉물(볼펜, 달력 등)   97

- 천공기, 스테이플러 등　　　　　　　　　　　98
- 문서 세단기　　　　　　　　　　　　　　　98
- 투명 파일 홀더　　　　　　　　　　　　　99
- 조립식 도장 및 고무스탬프　　　　　　　　99

직원 채용은 필수일까

- 직원 없이 사무실 운영하기　　　　　　　101
  1) 장점과 단점
  2) 직원 없이 일하기 위해 갖추어야 할 준비사항
  3) 직원 없이 일할 경우 활용할 수 있는 방법 소개
- 직원을 고용할 때 참고할 사항　　　　　　105
  1) 고용하게 된 계기
  2) 고용의 경우 장점과 단점
- 어떤 직원을 채용해야 할까?　　　　　　　112
  1) 직원 채용 전 체크 사항
  2) 경력직 vs 신입
  3) 직원을 구하는 방법

업무의 양과 질의 균형을 꾀하자　　　　　116

제3부 성공적인 개업변호사로 성장하자

1인 변호사 안정적 수익구조를 만들기 위한 노하우

- 비용을 최소화하자　　　　　　　　　　　121
  1) 보증금 및 포함 사항
  2) 컴퓨터
  3) 기록 용지, 기록 봉투
  4) 명함
- 다양한 영역에 눈을 돌려보자　　　　　　124

1) 변호사의 기본적인 업무, 소송대리
2) 기업 자문
3) 국선
4) 회의 참석 – 위원회 등
5) 등기 업무
6) 내용증명 사건
7) 방송 출연
8) 법률 강의
9) 기타

▍번외 - 개업 1년 차 생존하기
- ■ 사업 초기의 목표 : 우선은 살아남자　　　　　143
- ■ 원하는 바를 고민해보자　　　　　　　　　　　143
  1) 내가 개업변호사로 진정 원하는 것은 무엇인가
  2) 그렇다면, 그걸 가능하게 하는 방법은 무엇인가

▍성공적인 1인 변호사 홍보 마케팅 전략
- ■ 마케팅 전략을 위한 사전 단계 – 비즈니스 플래닝 146
  1) 미션 / 비전 / 가치 설정
  2) SWOT 분석을 통한 내 비즈니스 점검
  3) 사업 목표 / 타겟 마켓 설정
- ■ 마케팅 전략　　　　　　　　　　　　　　　　151
  1) 타겟 마켓 설정하기 – 바이어 페르소나
  2) 마케팅 전략 – 어떤 콘텐츠를 생산할 것인가?
  3) 마케팅 전략 – 어떤 플랫폼을 활용할 것인가?
- ■ 디지털 마케팅 팁　　　　　　　　　　　　　　162
  1) 네이버 활용하기
  2) SNS 활용하기
  3) 블로그와 SNS 쉽게 유기적으로 관리하기
  4) 카카오톡 채널, 카카오톡 오픈프로필 활용하기
  5) 무료 이미지 디자인 솔루션 활용하기

■ 실제 블로그 운영 사례　　　　　　　　　　　171
　　1) 변호사가 직접 운영한 경우
　　2) 마케팅 업체 블로그 마케팅을 이용한 경우
　　3) 직원이 블로그 관리한 경우

▎1인 변호사의 과제 그리고 미래　　　　　177

글을 마치며　　　　　　　　　　　　　　　182

저자 소개　　　　　　　　　　　　　　　　187

〈 특별 부록 〉
퇴사의 기로에 있는 변호사를 위한 지침서　　209

글을 시작하며

개업.

사실 나는 개업변호사가 되리라고는 단 한 번도 생각해본 적이 없었다. 조직이라는 보호막이 없는 상태에서 홀로 변호사로 활동한다는 것은 상상해본 적도 없었다. 하지만 사법연수원 수료 후 외교통상부에서 한미 FTA 등 국제통상협상을 담당하는 화려한 변호사 생활을 거쳐 도미한 후 약 10년간 미국 생활을 마치고 미국 변호사 자격증까지 취득한 내가 무연고지로 귀국하게 되자, 애 셋을 둔 나에게 현실적인 이유로 남은 선택지는 아이러니하게도 한 번도 상상해보지 않은 개업뿐이었다.

과연 내가 수익을 내고 변호사 '사업'을 영위할 수 있을까?

그 과정에서 책을 읽고 주변에 물어가며 비용을 최소화하고 다양한 방식으로 수익을 내기 위한 방법들을 연구하게 되었다. 한편으로는 나 말고도 이러한 고민을 하고 있는 분들이 분명 있을 것이라는 생각을 하게 되었고, 조금이라도 그분들에게 도움이 되고 싶어서 개인 네이버 블로그에 '1인 기업으로서의 변호사'라는 글을 연재하기 시작했다.

꾸준히 개업변호사라는 검색어로 내 블로그의 방문자 수는 늘었으나 어떤 분들이 내 글을 읽고 계신지는 알 수 없었다. 그러던 중 코로나 시대에 접어들면서 외부 활동이 줄고 대인 접촉이 급감하자, 1인 변호사인 나에게도 함께 상의하고 의논할 수 있는 동료 변호사가 있으면 좋겠다는 생각이 간절해졌다.

이번에는 블로그에 1인 변호사들의 오픈채팅방을 만들 테니 함께 소통하자는 제안을 올렸다. 하지만 솔직히 '누가 블로그 포스팅을 보고 소통하겠어.'라는 마음이었다. 하지만 놀랍게도 그동안 내 블로그 글을 읽고 있던 변호사들, 그리고 그러한 독자들의 소개로 온 동료 변호사들, 기존 SNS 지인들이 모여 1인 변호사 모임이 결성되었다.

우리 모임의 운영방식은 기존 변호사 모임과는 상이했다. 개인에 대한 정보 – 나이, 학벌, 사법시험/로스쿨 출신, 선·후배관계 등 – 는 전혀 묻지 않았고, 모두들 동등한 동료로 대하였다. 또한 어떤 사소한 질문이라도 편하게 하여 도움을 받도록 하되, 자신이 아는 부분이 있다면 다른 분들이 바로 활용할 수 있도록 최대한 상세하게 답변을 해주는 방식으로 채팅방이 운영되었다.

친한 동료와도 쉽게 이야기해보지 못했던, 그러나 정말 함께 고민하고 논의해보고 싶던 주제들 - 크고 작은 사건의 법리에 대한 토론, 의뢰인과의 관계에 대한 고민, 수임 기술, 비용 문제, 홍보 및 새로운 수익원 창출 등 - 에 대하여 우리는 1인 변호사 모임 안에서 진솔하게 이야기할 수 있었다. 그러한 집단지성의 저력 덕분에 서로의 다양한 경험을 배우고 함께 공부하는 가운데 우리들은 변호사로서의 업무처리 능력을 한층 키울 수 있었고, 무엇보다 어떠한 주제라도 털어놓고 함께 고민할 수 있는 너무나 소중한 동료들을 얻게 되었다.

우리들은 서로에게 진심으로 감사하고 그래서 뭐라도 하나 알게 되면 더 나누어주고 싶은 마음이 점차 커지게 되었다. 멤버 중 누군가의 표현에 의하면 "서로 더 알려주지 못해서 안달난", "경쟁적으로 아낌없이 자료를 공유하는" 배워서 남 주는 놀라운 기적 같은 모임을 경험하며 한편으로는 우리와 같은 좋은 네트워크 그룹에 속하지 못한 채 홀로 고민하는 많은 1인 개업변호사를 떠올리게 되었다. 그러다보니 자연히 고군분투하는 많은 개업변호사를 위해 우리들이 함께 모은 정보와 지식을 공유하고 싶다는 생각에 마음이 모아졌다. 그런 마음으로 함께 시도해보는 첫 프로젝트의 결과물이 바로 이 책 "SUPER 1인 변호사 - START 편"이다.

개업을 앞두고 정보 부족과 실무적인 여러 고민을 하고 있다면, 이 한 권의 책을 통해 각기 다른 상황에서 개업하여, 열심히 성실히 그러나 광고에 의존하지 않고 무리하지 않는 방식으로 자신의 사무실을 운영해가는 괜찮은 변호사들의 노하우를 발견할 수 있을 것이다. 이 책을 통해 많은 1인 변호사들이 도움을 받고 용기를 내어 안정적인 1인 변호사 사무실을 성공적으로 운영할 수 있었으면 더할 나위 없이 기쁠 것이다.

한마음 한뜻으로 바쁜 가운데 나와 함께 공동저자로 이 책을 집필해주신 1인 변호사(가나다순) 경규연, 곽소현, 권희영, 김예지, 김유나, 김지현, 나단경, 박영주, 배준철, 백지윤, 변세진, 신인규, 안중건, 윤형주, 이유하, 임선후, 임주혜, 하서정, 한경희, 함석헌 변호사님과 마케팅 전문가 이진행님의 탁월한 원고를 읽으면서 이런 뛰어나고 인간미까지 갖추신 훌륭한 분들과 함께할 수 있어 행복하고 감사했다.

편집, 감수담당으로 마지막까지 함께 원고를 완성한 곽소현, 김유나, 변세진, 신인규, 임주혜, 하서정 변호사님, 늘 창조적인 아이디어로 응원해주신 조레아 독일 변호사님, 공동저자로 이름을 올리지는 않으셨으나 원고 작성에 많은 도움을 주신 저희 1인 변호사 멤버

김주연 변호사님, 특히 저희 원고초안의 완성도를 높이는 데 조언을 아끼지 않으신 로펌 고우의 고윤기 변호사님께 특별히 감사의 인사를 전한다.

마지막으로 늘 새로운 꿈을 꾸는 나를 응원해주고 1인 변호사 모임의 첫 아이디어를 제공해 오늘의 우리가 있게 한, 사랑하는 남편과 가족들, 막다른 길이라고 생각한 개업에서 오히려 온전한 나 자신을 발견하게 하시고, 내게 주신 능력과 꿈을 맘놓고 펼칠 기회를 주신, 결국 나를 나되게 하신 하나님께 감사드린다.

이 책을 읽는 독자들이 우리 1인 변호사와 같이 자유롭고 행복한 삶을 누리시길 바라며….

2020년 초겨울

1인 변호사 모임 대표
인생언니 안현주 변호사

제1부

우리는 이렇게 변호사 개업을 결심했다

▌1인 변호사 사무실 개업을 결심하다

개업변호사, 변호사는 왜 개업을 선택할까, 그 신선한 이야기들의 내막을 하나하나 들어보자.

사례 ①
다양한 방식으로 자유롭게 일하기 위해 개업하다

나는 서울에서 나고 자라 사법시험 합격 후 외교통상부에서 국제통상 업무 담당 변호사로 한미 FTA 등 국제통상 협상실무 등을 맡아 일하다 결혼하여 미국으로 이주하여 약 10년간 아이 둘을 키우고 로스쿨을 다녔다. 미국에서 전업주부를 하다가 아이들을 키우면서 LLM, JD를 마치고 2015년 코네티컷(Connecticut)주 변호사 자격증을 취득하였다.

위의 한 문단에서 언뜻 보이듯이 나는 누구보다 빠르게 효율적으로 시간을 쓰며 살아왔고 많은 것을 성취하는 삶을 살았다. 하지만 미국에서 지낸 10년의 세월은 속도만을 강조하고 살던 나에게 가족과 함께하는 삶에 대해 눈뜨게 했다. 오랜 외국 생활로 가족 중심의 생활이 익숙해져 있었고, 애들도 셋인데다 더 이상 극단적으로 성공적인 커리어를 만들어가고 싶지 않았기 때문에 자유롭게 양질의 업무를 하면서 전문성을 유지하는 방법을 찾고 싶었다.

오랜 미국 생활 이후 남편의 직장 문제로 무연고지로 귀국하게 되었을 때, 그동안 한국 변호사로, 전업주부로, 학생 맘으로, 그리고 외국인으로 로스쿨을 다닌 모든 경험을 다 활용할 수 있는 일을 할 수 있으면 좋겠다고는 생각했으나 솔직히 길은 보이지 않았다.

처음에는 어떤 길이 맞을지 몰라 대형 로펌, 공기업 법무팀부터 알아보다가 '아이들이 어린데 온 가족이 뿔뿔이 흩어져서 살 이유가 있을까? 과연 그래야 할까?'라는 매우 본질적인 질문의 답을 생각해보니 '굳이 그렇게 살고 싶지 않다.'는 매우 인간적인 답에 도달하게 되었다.

현재는 공유사무실에서 3년째 개인 변호사 사무실을 운영하고 있다. 내 업무 분야 포트폴리오를 어떻게 구성해야 내가 그동안 배우고 경험한 일들을 최대한 활용할 수 있을지 연구해가며 실천하고 있다. 나는 나 자신의 사업을 실험대상으로 삼아 어떻게 하면 가장 효율적이고 가장 삶과 일의 균형이 잡힌 궁극의 직장을 만들어 낼 수 있는지 다양한 시도를 하고 있는 중이다.

나는 변호사이지만 스스로를 프리랜서라고도 생각한다. 늘 새로운 클라이언트를 찾고, 만나게 되고, 사건별로 프로젝트별로 일하기 때문이다. 그래서 늘 여러 가지 경영 관련 책이나 마케팅 책을 읽으면서 어떻게 내 사업을 꾸려갈까 연구하고 있다. 이 글을 유심히 읽는 분이 계시다면 다양한 방식의 개업이 가능하고 충분히 지속가능한 일(sustainable business)을 만들어 갈 수 있다는 걸 강조하고 싶다.

사례 ②
한 단계 성장하기 위해 용기를 내다

　변호사가 된 직후 나는 하고 싶은 분야를 빠르게 정한 편이다. 평소 청소년 문제나 가정의 해체, 인간관계나 심리 문제에 관심이 많았고, 다른 사람들의 말이나 고민을 잘 들어주는 나의 성향을 고려해서 가사전문 펌으로 진로를 정했다.

　다행히 수습 기간에 가사전문 펌 면접을 볼 기회가 생겨 바로 수습기간을 거쳐 정식 채용이 되었다. 목표가 분명했고 기회도 좋았기에 다른 사람보다는 취업하는 데 고생을 덜 한 편이고 취업 후에도 진로 고민이나 이직 고민은 덜한 편이었다.

　첫 직장과 두 번째 직장까지는 나도 그 펌에서 열심히 최선을 다하면 나의 성장이 곧 회사의 성장으로 연결되고 회사와 함께 성장하며 파트너가 되어 훌륭한 펌을 만들고 나도 훌륭한 변호사가 되어야지, 뭐 그런 이상적이고 거창한 꿈을 꾸며 일했던 것 같다. 그래서 월급, 처우 같은 것은 별로 생각하지 않고 맡은 사건을 내 사건처럼 책임감을 가지고 사건을 맡겨준 의뢰인의 인생이 내 손에 달렸다는 생각으로 야근, 주말 근무를 밥 먹듯 하며 한 사건 한 사건 최선을 다했다.

　처음 일 년은 내가 선택한 길이었음에도 힘들고 막막하고, 책임은 너무 큰 것처럼 느껴서 버겁고 정기적으로 그만두고 싶은 때가 찾아왔던 것 같다. 그럴 때마다 3·6·9(취업하고 3개월, 6개월, 9개월, 1년이 될 때마다 위기가 온다는 말)를 되새기며 버텼다. 그렇게 버티자 점점 나의 성장을 스스로도 느낄 때가 있었고 대표님께 칭찬을 듣는 횟수도 잦아지고, 좋은 결과로 의뢰인들의 감사 인사를 받으며 성취감과 보람도 느끼며 일이 더 재밌어지기 시작했다.

그러나 법무법인 구성원 등기 문제, 과중한 업무와 동료들의 잦은 퇴사 등의 문제로 세 번째 이직을 하게 되자 그제야 깨달았다.

"아, 평생직장이라는 것은 없구나. 직장에 소속되어 있으면 그 직장의 부속품에 불과하구나. 내 인생을 걸고 헌신할 필요 없고 월급 주는 만큼만 일하면 되는 것이구나."

그런 상처와 깨달음으로 돈 주는 만큼만 일하자는 마인드로 직장을 다녀보았지만, 나는 성향상 그것이 잘 되지 않는 사람임을 알게 되었다. 아무리 야근 안한다는 조건으로 전 직장 월급보다 훨씬 적은 월급을 받기로 계약을 하고 들어가도 급한 일이 생기거나 일이 몰리면 야근을 하고 있었고, 주말에도 집 근처 커피숍에 가서 일을 하는 것이었다. 당연히 처우에 불만이 생길 수밖에 없었다.

그리고 고용변호사로 있으면서 가장 불만은 하기 싫은 사건을 해야 할 수밖에 없거나 내 가치관에 맞지 않은 방향으로 사건을 진행할 것을 강요받거나 그로 인해 의견 충돌이 생기는 것이었다. 또한 실익이 없는 사건을 무리하게 수임하여 나중에 의뢰인의 원성을 듣는다거나, 사무실 운영상 거르지 않고 모든 사건을 수임하여 업무가 과중하여 사건 하나 하나, 의뢰인 한 명 한 명에 제대로 신경을 쓸 수 없어 어떤 사건, 어떤 의뢰인은 방치가 된 채 만족스럽지 못한 서비스를 받아야만 했다.

또한 고용변호사로서 성장하는 것에 한계를 느끼기도 하여 변호사로서 한 단계 더 성장하기 위해서는 독립을 해야 할 시기임을 꽤 오래 전부터 느꼈지만, 선뜻 용기가 나지 않아 그 시기를 늦추고 있었다.

그런데 결정적으로 개업에 용기를 내게 된 것은 내가 엄마가 되었기 때문이다. 결혼 후 임신, 출산, 양육을 하면서 변호사 업계가 아직 여성 변호사의 결혼과 출산, 육아에 대한 배려가 부족하고, 일·가정을 양립하기에 너무 어려운 환경임을 깨달았으며, 사정상 양가 부모님의 도움을 적극적으로 받지 못하는 상황에서 아이를 남의 손에 전적으로 맡기지 않으면서도 내가 좋아하는 일을 계속, 그것도 잘하고 싶다는 생각에 개업을 하기로 용기 내었다.

사례 ③
가정과 일의 건강한 양립을 위해 개업하다

일단 법대를 진학하고 사법시험 준비로 몇 년간 세월을 보냈고, 이후 다시 로스쿨 진학과 변호사시험에 이르기까지 단 하나의 길을 걸어왔다. 그 과정에서 변호사 본연의 업무에 대한 로망이 늘 있었기에 처음 변호사가 되었을 때부터 나는 법무법인, 법률사무소 등의

'고용변호사' 생활이 당연하다고 느꼈다.

그러다가 여성 변호사인 점이 고민의 갈림길에 서게 하였다. 개인적 가치관이지만, 나는 인생에서 일 못지않게 가정이 소중하다고 여기는 부류의 사람이다. 그리고 그 과정에는 타이밍이라는 게 존재한다고 생각했다. 결혼과 임신, 출산이라는 인생에서 중요한 그 과정이 송무 시장에서 재판 업무를 진행하기엔 한계가 있다고 판단했다. 그래서 과감히 잠시 송무 시장을 떠나 반공무원(?) 신분으로 약 3년간 지냈다(대신 선택한 지방행). 이 시간 동안 개인적으로 결혼과 두 번의 출산 과정을 무사히 보냈으며, 가정에 충실할 수 있는 시간을 나름 확보해왔던 것 같다.

그렇다면 다시 여기서 왜 1인 변호사를 하게 되었는지 반추하자면, 여성 변호사로서 내가 하고 싶은 송무 영역과 내가 가정에서도 역할을 포기하지 않기 위해서는 흔히 말하는 "1인 변호사 개업"이 필수였기 때문이다. 어느 회사에 고용되어 있지도 않고 자유롭게 일을 선택할 수 있는 위치와 자녀양육에 시간 할애가 가능한 양면을 다 취할 수 있기 때문이다. 나는 개인적으로 여성 변호사들에게 나와 같은 루트를 강력히 추천한다.

사례 ④
악몽 같았던 블랙에서 탈출하며 개업을 결심하다

　고용변호사로 일한 4년간 다양한 블랙[1]을 경험하며 점점 지쳐갔다. 굳이 블랙이 아니더라도 고용으로서 가질 수밖에 없는 한계(아주 사소하게는 점심시간과 메뉴를 내 마음대로 선택할 수 없는 점, 계속해서 대표의 감시 속에 살아야 한다는 점, 그리고 내 잘못이 아닌 대표의 잘못인데도 대표는 나를 자신의 방어막으로 세우고 항상 내 뒤에 숨는다는 점, 대표가 쓴 서면을 가지고 지방으로 재판을 돌면서 판사님한테 혼나는 건 언제나 피고용인인 나의 몫이었던 점 등)에 점점 몸과 마음이 지쳐가고 있었다.

　급기야는 자다가 스트레스로 잠꼬대를 하기 시작했고, 아침에 출근하는 것이 너무 싫어서 눈을 뜨지 않았으면 좋겠다는 생각까지 하기에 이르렀다. 그러던 어느 날 남편이 진지하게 나에게 물었다. 지금 행복하냐고. 그 말을 듣는 순간 나는 남편한테 안겨 펑펑 울고 말았다.

　'아니, 나 하나도 안 행복해…. 나 지금 너무 힘들어….'

　그때서야 알게 되었다. 내가 그동안 얼마나 힘들었는지, 힘든 걸 꾸역꾸역 참으며 간신히 버티고 있었는지를…. 그리고 내가 이대로 고용생활을 계속하게 되면 나는 결코 행복해질 수 없다는 것을. 그렇게 나는 마지막으로 사표를 내고 조금 더 행복해지기 위해 개업을 준비했다.

---

[1] 흔히 변호사 업계에서 통용되는 '블랙'이라는 단어는 직장을 구해야 하는 변호사가 경계하여야 할 법률사무소 및 법무법인의 목록인 '블랙리스트'를 줄인 말이다.

행복한 개업변호사가 되기 위한 마음가짐

■ 내 삶을 주체적으로 설계해보기

흔히들 출퇴근이 자유롭고 상사의 눈치를 보지 않아도 된다는 점을 개업변호사의 장점으로 말하곤 하지만, 개업변호사의 가장 큰 특권은 정해진 틀을 따르지 않고 일과 삶을 개개인에 맞게 결정할 수 있는 자유에 있다고 생각한다.

나는 스타트업과 문화예술 분야 기업에게 법률자문을 제공하면서 한편으로는 창작자에게 법률 지원을 하는 변호사로 일하고 있다. 창의적인 영역에서 일하다 보니 자신의 분야에서 혁신을 이루며 사는 창업가들을 종종 만나게 된다.

지난 2019년, DDP 개관 5주년을 기념하여 고객사가 주최한 패션 디자이너 폴스미스 전시의 법률자문을 하게 된 일이 있었다. 전시를 위한 국내 계약 업무가 전부 마무리 된 후, 전시 오프닝 행사에서 폴스미스가 내한하여 디자인 분야에 종사하는 크리에이터들과 전시에 참여한 관련자들을 초대해 강연을 열었다.

폴스미스는 일주일에 단 이틀만 운영을 하는 5평 남짓의 작은 옷가게로 시작하여 현재의 패션기업으로 성장하기까지 자신이 지켜왔던 몇 가지 원칙을 강연의 주제로 삼았다. 그날 가장 기억에 남는 내용은 "창의적으로 일하려면 자신이 가진 개성(Individuality)를 지켜야 하며, 그것을 희생할 가능성이 있다면 타협하지 말라."는 것이었다. 폴스미스는 자신의 개인적 특성을 지키며 일하기 위해서는 수평적 사고(lateral thinking)가 중요하다고 하였다.

수평적 사고란 이미 확립된 관행이나 관습에 따라 귀납적, 논리적으로 사고하기보다는 통찰력, 창의성을 발휘하여 해결책을 찾는 사고 방법을 의미한다. 이러한 수평적 사고와 자신의 특성을 잘 파악하고 그것을 일에 반영하는 과정은 1인 변호사뿐만 아니라 모든 독립적으로 일하는 사람(Independent worker)에게 필수적이라 할 수 있다.

독립적으로 일하는 사람에게는 일의 내용과 방식을 규정하는 것에 있어 무한한 자유가 주어진다. 그러므로 내가 하는 '일'의 정의에서부터 사소한 업무 과정까지 보다 합리적이고 효율적인 대안이 있다면 이미 규정된 관습을 따를 필요는 없다.

우리는 오히려 법조계 내부의 관행보다 스스로가 원하는 바에 더욱 귀 기울이고, 그와 더불어 우리와 거래하게 될 고객군을 둘러싼 세상의 변화에 보다 민감하게 반응하여야 한다.

■ 스스로 일의 의미를 떠올려보기

개업 여부를 고민하고 결정하는 동안 대체로 사무실 위치, 주요 업무 분야, 사무실 광고 등 실무적인 고민에 많은 시간을 할애하게 된다. 개업에 필요한 실전 팁들도 물론 중요하지만, 그것들을 고민하기 전에 스스로에게 변호사란 일이 갖는 의미를 충분히 음미해볼 시간을 갖기를 권한다. 왜냐하면 개업한 이후에는 이러한 본질적인 질문을 해볼 기회가 다시는 돌아오지 않기 때문이다.

개업을 고민하는 동안 일의 목적과 가치를 주제로 다루는 다양한 책을 읽는 것이 도움이 될 수 있다. 우리에게 주어진 삶의 적어도 7분의 5 이상을 차지하는 일이라는 것이 어떤 의미를 가져야 하는지를 고민하는 시간은 매우 소중하다. 이러한 시간도 없이 무작정 일터로 향하기에는 7분의 5라는 수치가 인생의 다이어그램에서 차지하는 지분이 너무나도 크기 때문이다.

영국의 경제학자 E. F 슈마허의 《굿워크》라는 책은 독자로 하여금 노동의 목적과 가치, 지속가능한 일에 관한 고민을 하게 한다. 개업 후 몇 번이고 읽은 이 책 속에서 알베르 카뮈의 격언을 발견하였다.

"노동을 하지 않으면 삶은 부패한다. 그러나 영혼 없는 노동을 하면 삶은 질식되어 죽어간다."

위 격언을 읽자마자 '영혼'이라는 단어에서부터 거창함을 느낄 수도 있겠다. 그러나 내가 매일 노동력을 투입하는 일에 담긴 의미를 이야기하는 것은 우리 모두의 현실과 바로 맞닿아 있는 실질적인 논의이다.

스스로에게 의미 있는 일, 마음이 가는 일은 밤을 지새우더라도 즐거울 수 있지만, 그렇지 않은 경우라면 일에 능률이 오르지 않는다. 성공하여도 성취감이 적고 실패하여도 그로 인한 배움의 의미가 크지 않을 수 있다.

따라서 나에게 주어진 개업변호사로서의 행운을 충분히 누리기 위해서는 나에게 일이 어떤 의미를 갖는지, 일을 통해 달성하고자 하는 것이 무엇인지를 충분히 고민해보길 바란다. 고민에 대한 답을 내릴 수 있다면 그 고민의 시간이 주요 업무 분야와 개업할 지역, 영업 방식 등 실무적인 사항을 결정함에 있어서도 큰 도움이 될 것이라 생각한다.

■ 스스로에 대한 분석 연습

개업변호사에게는 내가 원하는 업무 분야에 집중할 수 있는 자유, 원하지 않는 업무를 거절할 수 있는 자유가 주어진다. 따라서 자신이 어떤 일을 좋아하고 잘할 수 있는지를 분석하는 과정이 반드시 필요하다. 자신에게 맞는 일을 해야만 오랜 시간 동안 건강하게 일할 수 있기 때문이다. 청소년기부터 성인이 된 이후로도 진로를 고민하며 한 번쯤은 아래와 같이 자문해보았을 것이다.

나는 주로 어떤 분야에 마음이 가는가.

내가 일을 통해 추구하는 바는 무엇인가.

그 일을 앞으로 건강하게 지속적으로 유지할 수 있을 것인가.

이 질문에 솔직한 답변을 내리고 그것을 기반으로 자신의 전공과 직업을 선택한 사람은 그리 많지 않을 것이라 생각한다. 그러나 법학에 매력을 느껴 변호사가 된 사람도, 변호사라는 직업에 부수하는 사회적 지위나 경제적 가치로 인해 직업을 선택한 사람도 반드시 위의 질문에 대한 답을 자신의 업무에 반영하는 작업을 거쳐야만 건강하게 일과 삶을 유지할 수 있다.

따라서 개업을 준비하며 스스로가 어떠한 이슈에 관심이 가며 주변에 어떤 분야의 사람들과 가깝게 지내는지, 지인들과 어떠한 대화를 나누면 호기심이 생기는지를 파악해보길 권한다.

변호사가 되기 전부터 특정 분야에 관심과 경험이 많다는 것은 그 분야의 사람들과의 소통 능력과 관련 산업에 대한 이해도가 내재되어 있다는 의미이기도 하다. 관심사나 취미가 오랜 시간 유지되면 그 분야에 한해서는 비교우위를 갖게 된다. '관심' 하나만으로도 다른 변호사보다 적은 스트레스로 업무에 임할 수 있게 되며, 스트레스가 적다는 것은 업무 생산성과 직결되기도 한다. 이러한 사소한 요소들이 모여 차별성과 경쟁력을 만든다.

일을 나의 특성에 맞춰 선택한다는 것은 삶을 주체적으로 살아가는 것과 같은 의미이다. 지금 당장 특정 분야에 대한 충분한 경험이 없더라도 누구든지 자신의 일상을 분석해보면 관심사와 접점을 가진 산업 분야 혹은 송무 분야가 하나쯤은 있을 것이다.

변호사는 위임 업무에 한하여서는 타인의 삶을 대신 살아야 하는 엄중한 역할을 하는 만큼, 개업을 준비하는 변호사라면 자신의 몸과 마음이 비교적 편하게 받아들이는 분야를 찾을 수 있기를 바란다.

■ 자신의 관심사를 주요 업무 분야로 연결하기

자신에게 맞는 업무 분야를 선택했다면, 혹은 자신이 현재 수행하고 있는 분야로 개업을 결심했다면 이제는 천천히 전문성을 쌓아갈 시간이다.

개업변호사라면 각자의 빅데이터를 만들겠다는 마음으로 자신이 수행한 업무를 꾸준히 정리하고 분류해놓는 것이 도움이 된다. 만일 변호사가 특정 분야의 다양한 법무에 집중한다면 그가 체득할 수 있는 데이터는 집중적으로 풍부해질 것이며, 양질의 자문을 효율적으로 제공할 수 있는 기반이 마련된다.

변호사가 업무를 통해 얻는 지식뿐만 아니라 몸과 마음으로 체득하는 감각 또한 중요한 데이터가 된다. 그 분야의 고객군을 자주 만나다보면 자연스럽게 소통하는 법, 고객사의 규모에 따라 어떠한 방식으로 내부 실무가 이뤄지는지에 관한 감, 특정 산업 속에서 어떠한 거래 주체가 어떤 조건으로 거래하는 지에 관한 지식 등이 그것이다.

이러한 데이터를 통해 우리는 스스로의 판단에 신뢰를 갖게 되며, 그것을 기반으로 무의식중에 가장 합리적으로 업무를 수행하게 된다. 언젠가 이러한 과정이 우리가 인지하지 못할 정도로 자연스럽게 이루어진다면, 비로소 전문가의 감각을 갖게 되는 것이다.

나의 경우 IT 스타트업에서 법무팀을 꾸려본 경험과 미디어그룹 지주사 법무팀에서 일했던 경험을 바탕으로 '문화예술'과 '스타트업'이라는 명칭의 두 폴더가 있다고 가정하고 오랜 시간 데이터를 쌓아가고 있다. 내가 타겟으로 삼지 않은 가사 소송 등의 의뢰가 들어오면 나보다 경험이 많은 변호사의 데이터가 될 수 있도록 해당 분야를 타겟으로 삼은 동료 변호사에게 의뢰인을 소개해주고 있다. 이렇게 두 분야에 대한 집중된 업무 경험을 통해 문화예술 분야의 고객사들을 천천히 늘릴 수 있었고 스타트업 전문변호사로 활동하는 기반을 마련할 수 있었다.

개업을 준비하는 변호사라면 자신이 현재까지 체득한 데이터들을 분류하여 가상의 폴더에 차곡차곡 쌓아보면서 생산성과 효율성을 꾀할 수 있는 분야를 찾아보는 것을 권한다. 만일 당장 특정 분야에 풍부한 데이터가 없더라도 지금부터 관심이 가는 분야를 선택해서 끈기 있게 쌓아올린다는 마음가짐이 중요하다.

■ 홀로 선 개업변호사의 함께 걷기

　많은 변호사들이 개업을 두려워하는 이유는 개업변호사가 되면 어느 곳에도 소속되지 않는다는 막막함일 것이다.

　개업하기 전 우리의 이름 앞에는 항상 우리를 간단히 설명할 수 있는 형용사들이 붙었다. 학교의 이름, 속해 있는 로펌 또는 기업의 이름 등, 우리가 인지하지 못하는 사이 조직의 명성과 안정감은 우리의 일부가 되었다. 막상 개업변호사가 되고 나를 둘러싼 보호막이 사라지고 나서 조직에 소속되어 있던 때와 개업 후를 비교해보면 세상을 바라보는 시각이 근본적으로 달라진 것을 느낀다.

　개업 후에는 아무것도 없는 땅에 건물을 올리듯 모든 것을 스스로 고민하며 쌓아올려야 한다. 이런 고민들은 무엇보다 같은 처지에 있는 개업변호사들과 함께 나누면 외롭지 않다. 주변의 동기, 선후배 변호사들 중 비슷한 시기에 개업하는 변호사 또는 개업을 준비하고 있는 변호사를 찾아볼 것을 추천한다.

　같은 직업이 아니라면 부모님 혹은 배우자도 모든 고충을 깊이 공감하기란 쉽지 않기에, 고민을 함께하는 변호사들이 정보를 공유하고 다양한 관점으로 의견을 나누는 것이 막막한 시기에 큰 도움이 될 것이다. 홀로 일하면서도 고민을 함께하며 정보를 아낌없이 나눈다면 개업변호사의 길은 외롭지 않다. 누가 아는가. 이 책을 읽은 당신이 속한 네트워크가 얼마나 멋진 일을 도모할 수 있을지. 함께 모여 당신을 위해 책을 쓰는 우리들처럼.

제2부

이렇게 변호사 개업을 준비하라

▎개업하기 좋은 시기는 언제일까

■ 개업을 위한 워밍업

　모든 상황을 완벽하게 갖추고 하는 개업은 없다고 생각한다. 다만 개업 전 몇 개월간 여러가지 준비하고 임한다면, 성과면에서 효율을 기할 수 있다. 어느 곳이 되었든 근무지에서 변호사로서의 노하우를 많이 취득할수록 개업하면 도움이 많이 된다. 나의 경우는 공공기관 근무를 통하여 다양한 사례군에 대한 상담을 진행하여 왔기 때문에 "상담 노하우"가 축적이 되었다. 이것처럼, 한 가지 일이라도 어느 정도 노하우가 나름 준비되었다면 개업할 수 있다고 생각한다. 그 밖에 개업 이전에 준비될 사항을 굳이 뽑자면, 어느 정도의 소자본은 필요로 한다.

■ 가능하면 다양한 경험을 쌓은 후 개업하자

　대부분의 법무법인에서는 1인 변호사 사무실과 달리 직원들이 전자소송을 포함하여 인지대 등 각종 비용 납부, 소송비용 확정, 기일관리, 기록 열람 복사 등 많은 일을 처리해주기 때문에, 고용변호사로서는 위임계약서 작성이나 경유증표 처리부터 해본 적이 없는 경우가 많을 것이다. 실제로 1인 개업을 하고 나서도 가장 답답했던 점이 이러한 세세한 실무 절차를 몰랐던 것인데, 전자소송이나 인지대, 수수료 등은 한두 번만 하고 나면 금방 혼자 할 수 있다.

하지만 개업변호사는 아무리 직원을 고용하더라도 사무실 운영, 사건 관리, 의뢰인 관리 등을 스스로 해야 하기 때문에 고용변호사를 몇 년 했느냐 하는 것과는 무관한 일도 많기에 섣불리 몇 년차의 개업이 가장 적절하다고 말하기는 조심스럽다. 하지만 개인적으로 '민사, 형사, 가사, 행정, 가능하다면 특허'까지 다양한 사건을 고용변호사로 접해본 이후에 개업을 하는 것이 좋을 것 같다는 생각이 든다. 본인의 경우, 3년 차가 넘어가니 훨씬 다양한 사건을 접해볼 기회가 많아졌는데, 지금 느끼는 것은 한 건이라도 사건 경험이 있는 것과 없는 것은 분명히 차이가 있고, 경험상 사건 상담을 할 때에도 자신감이 붙는다는 것이다.

가능하다면 고용변호사로 있을 때 겁먹지 말고 다양한 사건에 백업(back-up)도 해보고 직원에게 되도록 많은 업무(예를 들면 전자소송에 자료 제출하는 것, 불기소이유서 열람하는 것 등)를 물어보면서 스스로 배워서 처리해 볼 것을 추천한다.

■ **개업 의지가 확고해진 후에 해도 늦지 않다**

개업 시기에 대한 정답은 없다. 그러나 개업을 위해서는 명확한 개업의 동기, 그리고 자기에 대한 냉철한 분석과 사업자로서의 각오가 확실하게 되어 있어야 한다. 개업은 쉽지 않다. 자신의 모든 것을 걸고 뛰어들어야 하는 일이라 부담도 매우 크다. 개업변호사로 살면서 가장 힘든 일은 멘탈을 유지하는 일이다. 어떤 달에는 수입이 없을 수도 있고, 어느 달에는 의도치 않은 수익이 많이 발생할 수도 있다. 롤러코스터를 타고 매일 오르락내리락하는 기분인데, 이를 어떻게 버틸 수 있겠는가. 자기 자신에게 확고한 의지를 우선 심어야 한다. 그것이 확보되었다고 생각하면 바로 지금이 그때다. 개업으로 나와도 좋다.

▌사내변호사에서 개업변호사로
  커리어 변화를 꿈꾸신다면

■ 사내 변호사로 쌓은 전문성은 개업의 밑거름이 된다

　나의 경우는 로스쿨 재학 중 우연히 개인정보보호법이라는 과목을 수강하면서이다. 그 시작은 민법, 형법, 행정법 등 부담스러운 과목들 사이에 그래도 조금은 쉬어 갈 수 있는 과목을 하나 넣자는 계산이었고, 마침 금요일 1, 2교시 연강 후 주말 시작이라는 황금 시간표를 만들어보겠다는 의지도 담겨 있었다.

　개인정보보호법은 2011년 제정되어 해당 과목을 듣기 전까지만 해도 나는 개인정보보호법에 대해 아는 바가 없었지만 한 주 동안 개인정보 관련 분야의 이슈들을 관심 있게 찾아보고 수업 시작 전에 한 가지씩 발표해보는 수업 방식에 매료되어 열심히 수업에 참여한 덕분에 학점도 A+를 받아, 그 학기 나의 효자 과목 노릇을 톡톡히 해주었다.

　그렇게 시간이 흐른 후 간절히 원했던 대기업 사내변호사 면접장에서 나는 갑자기 개인정보보호법을 다시 만나게 되었다. 앞으로 회사에서 변호사들이 꼭 검토해야 하는 이슈가 뭐라고 생각하냐는 질문에 나는 "앞으로는 빅데이터, 개인정보를 활용하는 서비스가 주축이 될 것이고 해당 정보들을 이용하기 위해서는 개인정보의 국외 이전, 빅데이터 간의 결합 요건 등에 대한 법적 검토가 필수적일 것입니다." 라고 나름 자신 있게 대답을 했고 그 면접장이 마침 개인정보 관련 업무를 전문으로 담당할 변호사를 뽑으려는 자리였음은 합격한 후에 알게 되었다.

이렇게 입사한 글로벌 전자 회사에서 나는 국내 및 해외 개인정보수집 이용 동의서 작성은 물론 신제품에 탑재되는 어플리케이션에 대한 개인정보 법령 준수(Compliance) 점검, 유럽 개인정보보호법 개정에 따른 GDPR(General Data Protection Regulation) 대응 등 개인정보 관련한 굵직한 법률 업무에 참여하게 되었고 국내 및 해외 유수의 로펌과도 협업을 하며 개인정보라는 분야에 있어 전문성을 쌓을 수 있었다.

해당 분야에 대한 이해도가 높아지고 전문성을 갖출수록 과연 사내변호사 말고 개업변호사로서도 개인정보라는 분야가 메리트를 가질 수 있을지에 대한 나의 고민이 깊어졌다. 개인정보를 수집 이용하는 대기업은 주로 빅 로펌에 일을 맡기게 될 것이고 개인정보 관련 개인 간 소송은 그 건수가 극소수라 할 것인데 내가 회사를 나와서도 개인정보 관련한 자문이나 소송 등을 수행할 수 있을지, 정확히 말해서는 대형 로펌이 아니라 개인변호사로서의 나에게 회사에서 일을 맡길지 자신이 없었기 때문이다.

일단 개업을 마음먹게 된 이상 나는 회사에서 6년 동안 담당해온 업무의 전문성은 살려야 했기에 과감히 부딪혀보기로 했다. 개인정보라는 분야가 아직 많은 변호사가 다루고 있지 않은 분야이기도 했고, 대기업에서 개인정보관련 업무를 담당했다는 타이틀만으로 첫 자문은 쉽게 의뢰가 들어왔다. 요즘 개발되는 어플리케이션은 개인정보의 수집을 거의 필수적으로 하다 보니 한 스타트업에서 '개인정보수집이용동의서' 작성을 요청해왔고, 이때다 싶어 개인정보를 저장하는 서버의 위치는 어디인지, 해당 정보를 서비스 개선 등을 위해 별도로 활용하지는 않는지, 해외 이용자의 개인정보는 어떻게 수집하는지, 언제 정보를 파기할 것인지 등등 이 분야에 대해 아는 내용들을 회의에서 쏟아내다 보니 정기 자문 의뢰로 이어질 수 있었고, 알음알음 소개를 받아 추가로 개인정보 관련 자문 등을 수행할 수도 있었다. 특히 대기업 수준의 개인정보 법령 준수(Compliance) 점검을 통해 향후 불필요한 국내 및 해외 법적 분쟁을 피하자는 나의 캐치프레이즈(Catch Phrase)에 많은 의뢰인 분이 공감해 주셨다.

4차 산업혁명의 핵심 재료라 할 수 있는 빅데이터, 개인정보의 경우 지금 모든 기업에서 관심을 갖고 있을 뿐만 아니라 대기업이 아니라 해도 새로운 사업을 구상하는 스타트업에서는 개인정보 관련 이슈를 거의 필수적으로 다루고 있기 때문에 대펌 로펌이 아닌 개업 변호사로서도 충분히 자문을 수행할 곳들이 있었다. 또한 해외에서 개인정보 유출, 동의 없는 개인정보 수집, 개인정보 목적 외 이용 등에 대해 Google, Facebook 등과 같은 글로벌 기업에 엄청난 과징금을 부과했다는 기사가 연일 쏟아져 나오며 이 분야에 대한 법적 검토가 필수적이라는 인식이 자리 잡은 것도 한몫을 했다.

발전된 과학기술은 사회를 새로운 방향으로 앞서 끌고 가는 역할을 하지만 법률은 그 반대로 발전해 나가는 사회를 뒤쫓아 가는 역할을 한다. 그렇기 때문에 발전된 사회를 따라가기 위해 이전과는 좀 더 다른 법률 해석이 필요하기도 하고 때로는 완전히 새로운 법률을 만들 필요도 생긴다. 빅데이터, 개인정보 관련 법률 분야가 딱 이런 상황이라는 생각이 든다. 무궁무진하게 데이터가 활용되는 요즘의 시대에 맞게 해석이 필요하고 또 법률의 테두리 안에서 서비스가 이루어질수 있게 통제가 필요하기 때문에 이 분야의 법률 전문가의 수요가 꾸준히 늘어날 것이라 생각한다.

이렇게 스타트업 자문을 수행하다 보니 좋은 기회가 닿아 법률신문사에서 '기업 실무자를 위한 개인정보 관리 실무'라는 인터넷 강의도 촬영하게 되었고 의학신문사에서 '빅데이터를 활용하는 원격의료와 법률'이라는 콘텐츠도 촬영하면서 점점 이 분야에 대한 전문성을 갖춘 개업변호사로 자리를 잡을 수 있었다.

사내 변호사로 근무를 하다 보면 물론 계약서 검토, 자문, 그리고 각종 소송까지 변호사가 하는 업무 전반을 골고루 다루게 된다. 그 과정에서 특히 주력으로 하거나 많이 다루는 분야도 생기게 되고 그 부분에 대해서는 대형 로펌과 일하는 기회도 생기고 특히 굵직한 분쟁들도 경험하게 되면서 그 분야에 대해 전문지식을 쌓을 기회를 얻었다. 이런 분야가 있다면 개업 후에도 그 분야를 살려 스타트업, 중소기업 등의 법률 자문을 주력으로 수행하거나 혹은 관련 분야의 강의 등에 적극적으로 참여하면서 충분히 역량을 발휘할 수 있을 것이라 본다. 특히 사내 변호사로 근무하며 기업에서 궁금해하는 부분 또는 변호사에게 답을 구하고 싶은 부분을 누구보다 잘 파악하고 있었기 때문에 단지 법적으로 'O or X다.'라는 답을 주기보다는 위험 최소화 단계별 방안(Risk Minimizing Steps)까지 제시하며 의뢰인들의 만족도를 높일 수 있다는 것도 사내변호사 출신의 장점으로 꼽을 만한 것 같다.

사내 변호사로 변호사 업무를 시작했다고, 혹은 사내변호사라 송무 경험이 부족하다고 개업을 망설일 필요는 없다. 내가 잘하는 분야가 있다면, 그리고 내가 자신 있는 분야라면 의뢰인은 여러분에게 일을 맡기고야 말 것이다.

■ 업무 분야를 정리하고 문서화해 두자

언젠가는 개업을 하겠다고 생각하는 사내변이라면, 하고 있는 '업무 분야를 꼭 정리하고 문서화'하면 좋을 것이다. 정작 나는 그렇게 하지 못했는데, 개업을 하고 나니 이 부분이 가장 아쉬움으로 남았다. 그래서 사내변호사를 하고 있는 친구들에게는 꼭 '정리'를 해두라고 이야기한다. 특정 분야의 사내변호사 생활을 하고 있는 것이라면, 사내 변호사로 재직 중일 때 가장 다양한 사례들을 접하고, 또 관련 서적이나 논문을 찾게 된다. 바로 그때가 기억이 가장 팔팔할 때이다. 시간이 지나고 나면, 대충 기억이 나서, 다시 찾아야 한다.

그리고 가능하다면, 사내변호사 생활을 하면서 업무와 관련하여 'SNS를 하나 정도 운영' 하는 것도 괜찮다고 생각한다. 물론 예민하고 특정이 되는 정보는 지워야 할 것이다. 회사마다 정책이 다른지도 모르겠다. 하지만 정보 제공이라는 공익 목적의 네이버 블로그나 브런치 정도면 특별히 못할 이유는 없어 보인다. SNS의 친구들은 나를 해당 분야의 전문가로 신뢰할 것이고, 더구나 내가 수임이라는 개인적인 영달과도 전혀 상관이 없는, 중립적이고 객관적인 사람이라고 생각하게 될 것은 덤이다. 이러한 얕은 인간관계는 장차 내가 개업할 때 큰 힘이 될 수 있다(수임에 있어서는 소수의 절친보다 다수의 얕은 인간관계가 도움이 된다고 한다. 아, 그래서 내가 수임에 서투른 것인가).

SNS 운영을 해볼 것을 권유하는 이유는 궁극적으로 그 자료들을 모아 '출판' 할 수 있기 때문이다. 개업을 하고 나서 상속 관련 책을 찾다가 금융권에서 재직 중이신 변호사님이 쓰신 책을 봤다. 저자 소개에는 상속 관련 일을 하고 있다고 나와 있었다. '아, 나도 이런 거나 좀 해 둘 것을'이라는 생각이 들었다. 책은 외부에 내가 특정 분야의 전문가임을 알릴 수 있는 더할 나위 없이 훌륭한 루트이다. 필자도 언젠가는(대체 언제?!) 책을 꼭 내고 싶다고 생각하고 있지만, 사실 무에서 유를 창조하는 것이 생각보다 시간이 걸려 쉽지가 않다. 그리고 '문서화'를 해두지 않으면, 그나마 비슷한 사건이 보이면, '아, 그래. 또 이런 사건도 있었지!' 하고 떠올려지지만, 유사한 사건마저 보이지 않으면 나의 뇌 어딘가에 깊이 틀어박혀, 그런 케이스가 있는지조차 모를 때가 많다. 그리고 무엇보다 막상 송무를 하게 되면, 이건 올라운드 플레이어여서, 민사, 형사, 행정 등 분야를 가리지 않고 하게 되기 때문에, 책 작업을 하기 위해 좋은 환경은 아니다. 사내 변호사로 있을 때, 비교적 특정 분야에 깊게 몰입할 수 있을 때, 남들이 미처 알지 못하는 다양한 케이스를 발굴하여 이 분야에 대한 나의 지식을 뽐낼 기회를 놓치지 말자.

■ **미래의 고객을 만날 기회를 놓치지 말 것**

대기업 사내변호사라는 타이틀 덕분에 스타트업 법률 자문 의뢰가 개업 직후 비교적 수월하게 들어올 수 있었고 이를 놓치지 않고 적극적으로 수행하며 대기업 수준의 법령 준수(Compliance) 점검을 목표로 한다는 나름의 목표가 의뢰인들에게 만족으로 이어져 정기 자문 계약으로 이어질 수 있었던 것 같다. 단건 자문일지라도 의뢰인이 만족한 경우에는 추가 자문이나 정기 자문으로 이어지기 때문에 사내변호사 출신 개업변호사들은 단건 자문 하나도 허투루 내보내지 않는 게 중요하다 생각한다.

뿐만 아니라 송무나 자문과 같은 업무 외에도 개업 이후에는 법률 상담 방송에 출연하고, 생활 법률 강연을 진행하는 등의 활동에도 많은 에너지를 쏟으며 업무 영역을 확장해 나갔다. 딱딱하고 어려운 법률 조문들만 나열하는 강연이 아닌 실생활과 밀접한 법률 내용을 실제 분쟁 사례 등과 접목해 강의를 하고 유튜브 채널도 개설해 꾸준히 많은 분들과 소통을 하다 보니 이를 좋게 봐주시고 대학교나 문화센터, 방송 등에서 강연 섭외가 들어오고 이런 활동이 수임 의뢰로 이어지는 경우가 종종 생기고 있다. 작은 강연, 상담 요청일지라도 성실히 임하는 것이야말로 더 큰 기회를 잡을 수 있는 가장 승률 높은 투자라는 점을 강조하고 싶다.

■ 송무 경력은 천천히 쌓아도 늦지 않다

많은 사내변호사들이 개업을 두려워하는 이유가 바로 이게 아닐까 싶다. 사실 기업에서는 정말 수많은 소송이 일어나게 되지만 기업 간의 소송은 개업변호사가 주로 수행하게 되는 개인 간의 소송과는 다소 차이가 있는 건 맞다. 하지만 결국 돈을 받기 위한 소송이거나, 계약서 상의 내용을 두고 다툰다거나, 불법적인 행위에 대해 처벌을 구한다는 큰 맥락에서, 기업 간의 소송이나 개인 간의 소송도 그 맥을 같이 한다고 본다.

나 같은 경우에는 사내 변호사로 근무하면서 불법소프트웨어 사용 등에 따른 저작권 위반에 대한 형사 고소 사건이나 소비자 불만에 따른 손해배상 소송 등을 다수 수행하였는데, 이런 소송 경험이 개업 후에도 고스란히 도움이 되고 있다. 특히 대기업 사내 변호사로 근무하면서 주요 소송, 즉 금액이 대단히 크고, 대표이사의 형사처벌 등 그 중요도가 높은 사건의 경우 김앤장, 태평양 등과 같은 국내 최고의 로펌들과 협업하게 되는데, 그 과정에서 로펌에서 작성해 온 완성도 높은 서면들을 보면서 많은 공부를 할 수 있었다. 다시 강조하지만 사내 변호사로서 근무하며 쌓은 송무 경험은 충분히 개업 후에도 도움이 된다.

하지만 이혼이나 상속 등과 같이 사내 변호사로 근무하면서는 다뤄보지 않았던 분야의 경우에는 개업 이후 많은 공부와 실무 스터디가 필요하다. 나 역시 개업 이후 송무 영역으로는 이혼, 가사 분야를 주력으로 다루고 있지만 혼자 소송을 수행하기까지 많은 노력이 필요했다. 우선 대한변호사협회나 서울지방변호사회에서 주최하는 이혼, 가사 분야 관련 교육을 빼놓지 않고 수강했고 가사 사건을 많이 수행하는 변호사님들을 직접 찾아다니며 해당 소송에서 중요한 실무적인 팁을 전수받기 위해 노력하였다.

본인이 송무경력이 부족하다 느껴진다면 더 많이 공부하고 더 많이 경험을 쌓으면 된다. 아직 경험이 부족하다면 그 경험을 채우기 위해 시간이 좀 더 필요한 것일 뿐 누구라도 경험은 쌓을 수 있기 때문이다. 특히 요즘은 관련 실무 서적이 잘 마련되어 있고 영상 강의는 물론 소송 실무 팁을 아낌없이 전수해주는 변호사 유튜브 콘텐츠까지 부족한 경험을 채워줄 수 있는 콘텐츠들은 무궁무진하다. 나 역시 지금도 꾸준히 실무 서적도 찾아보고 동기, 선배, 직장 동료 등 인맥을 최대한 동원해서 커피 쿠폰 때로는 든든한 점심 식사 한 끼 등과 함께 그들의 경험 지식을 구하는 경우가 종종 있다. 또한 경우에 따라서는 정식으로 공동 수임을 해 함께 일하며 송무 경험을 쌓아 가기도 한다.

누구도 처음부터 전문가는 없었다. 누구도 처음부터 경력직인 사람은 없다. 경험이 부족함을 두려워하지 말고 경험을 하나하나 쌓아가는 데 집중한다면 부족한 경험은 금세 채워나갈 수 있다 믿고 있다.

▍나에게 맞는 개업 형태를 찾자

마침내 개업을 결심한 변호사라면, 이제는 개업에 필요한 실전 팁을 살펴보자. 개업변호사 사무실은 다양한 형태가 존재하는데, 그 중 나에게 맞는 방식은 어떤 것일까?

■ 자유로운 1인 변호사로 개업하기

1) 왜 1인 변호사 사무실인가?
- 과거보다 쉬워진 1인 변호사 개업

바야흐로 1인 기업의 시대가 도래함에 따라 사회 전반적으로 업무에 활용하기 쉬운 인프라가 구축되고 있다. 모바일 스캐너와 같은 각종 IT툴이 등장하였고, 공유사무실이 생긴 후 몇 년 지나지 않아 수도권 모든 지역과 부산, 제주도에도 있을 만큼 1인의 인력이 조직의 도움을 받지 않고 일하기 쉬운 업무 환경이 조성되고 있다.

법조계의 업무 방식도 많이 달라지고 있는 것 같다. 지금으로부터 불과 3년 전만 해도 태블릿 PC를 들고 재판에 출석하는 변호사는 극히 드물었으나, 요즘의 법원 풍경을 보면 태블릿뿐만 아니라 노트북을 들고 재판에 출석하는 경우 또한 많아졌다.

이러한 업무 방식 변화로 인해 변호사들은 개업 시 들어가는 비용을 크게 줄일 수 있게 되었다. 과거 직원이 수행하던 많은 잔업들을 온라인, IT 툴로 처리할 수 있게 되면서 변호사는 개업을 위해 반드시 직원을 고용할 필요가 없어졌다. 예를 들어 서면을 매번 출력하고 노끈으로 철하지 않는 것만으로도 인쇄에 소요되는 비용, 인건비 등을 줄일 수 있는 것이다.

2020년부터는 매번 법원 근처에서 현금으로 구입하여야만 했던 경유증을 온라인으로 손쉽게 구입하고 출력할 수 있게 되었으니, 이로 인하여 절감되는 수고와 비용은 생각보다 크다.

사무실 운영비용이 줄어들면서 변호사는 과거보다 고정 비용의 부담을 덜고, 개업 초기부터 매출을 크게 키워야 한다는 부담 없이 개업을 선택할 수 있게 되었다.

따라서 기본적으로 1인 변호사 사무실 형태로 개업을 하게 되는 이유는 각자 다를 것이나 많은 경우 가볍게 시작할 수 있어 심리적, 경제적 부담감이 덜하고 사정에 따라 언제든 다시 새롭게 시작할 수 있다는 간편함이 그 이유일 것이다. 특별히 기존 의뢰인이 없어 개업 초기 사무실 운영상 난항을 겪을 것이 우려된다면 상대적으로 비용을 최소화하는 직원 없는 1인 변호사로 시작해볼 만하다.

- **나만의 사무실을 만들고 싶다면**

위와 같은 표면적인, 현실적인 이유도 있으나, 실체를 들여다보면 1인 변호사 사무실을 선택한 변호사들은 대체로 보다 적극적으로 내가 해보고 싶은 업무를 자유롭게 하고 싶어서 선택한 것으로 확인된다.

    법무법인 별산으로 개업하게 되면 개업지와 사업장 환경 등을 마음대로 결정할 수 없기 때문에 자신만의 브랜드로서의 법률서비스를 만들어가고 싶은 변호사라면 1인 변호사 사무실이 적합하다. 아무래도 법무법인 소속의 변호사로 개업을 하게 된다면, 구성원들 간 법인 성장을 위한 기여도를 고려하지 않을 수 없고 동업자가 있는 경우에는 나의 모든 시도들에 찬성하지 않을 수 있어 활동에 제약이 있을 수 있다.

    그에 반해 1인 변호사 사무실은 자신이 시도해보고 싶은 업무 분야를 자유롭게 시작해볼 수 있다는 특장점이 있다. 게다가 경비 부담이 상대적으로 적기 때문에 사무실 운영비용을 위한 사건 수임이라는 책임감은 잠시 접어두고, 시간을 두고 자신이 원하는 방향을 탐색해볼 여유를 가질 수 있다. 일정 기간 다양한 시도를 해보고 이후 자신이 집중하고 싶은 분야를 발견하여 해당 분야에 집중한다면 한 분야의 전문가로 성장해나갈 수 있다.

    개업변호사 중에는 고용변호사로 일하며 자신이 속했던 법무법인의 운영방식과 고객을 대하는 업무 방식 등에 회의를 느끼고 자신이 생각했던 법률서비스를 만들어보고자 개업하는 경우도 많다. 기업 내 실무자들과 직접적으로 일하며 현업을 경험해본 사내변호사 또한 법무법인 고객사의 법무담당자로 일하며 어떠한 변호사가 좋은 자문사인지 느끼는 바가 있었을 것이다. 이를 기반으로 자신이 그동안 생각해온 자문사의 모습을 목표로 자문을 전문으로 하여 개업하는 사례도 늘어나고 있다.

운영적인 면뿐만 아니라 법률사무소의 상호와 로고, 홈페이지를 자유롭게 만들 수 있으며 특별히 주력하는 분야가 있다면 그 분야에 특화된 사무소로 브랜딩하기에도 좋다. 개업 후 법무법인을 설립하기 위해 구성원변호사를 구하거나 동업을 하는 경우에도 자신이 구축해놓은 브랜드와 업무 분야를 기초로 법인 전환이 가능하다.

또한 종국적으로 변호사가 아닌 다른 분야에서 활동하고 싶다면, 개인 사무소를 둔 변호사로서 다양한 관계자들을 만나며 협업하다 때가 되면 변호사업이 아닌 다른 업무 영역으로 옮아가는 방식으로 변호사 외의 직역에서 활동할 토대를 만들 기회로 삼을 수도 있다. 더 나아가 자신의 독특한 사무실 운영을 바탕으로 이후 자신이 일하고 싶었던 형태의 법무법인 설립도 가능할 것이다.

- **별산개업이 마땅치 않은 지방 소도시에서의 1인 변호사**

지역 연고가 있는 변호사라면 소도시에서의 개업을 고려할 수 있으나, 지역의 특성상 별산 등의 동업 형태가 드물어 별산 개업이 마땅치 않은 경우라면 사무실을 임대하여 1인 변호사 사무실을 개업할 수 있다.

한 예로 지역 연고가 있는 충남의 소도시 천안에 1인 변호사 사무실을 개업한 경우가 있다. 해당 지역에서 초, 중, 고를 졸업하였고,

현재 부모님이 거주 중인 도시였기에 여러모로 선택의 폭이 정해져 있었다. 전 직장이 천안 인근 도시였기에 다른 선택지 없이 지방 개업을 선택하였다. 이 경우 1인 변호사 사무실을 처음에 선택한 이유는 지방은 서울과 다르게, 아직까지도 법무법인의 별산제 형태로의 개업이 거의 존재하지 않았기 때문이다. 해당 지역 또는 함께 뜻이 맞아 동업 형태로 개업하는 분이 있다면 합동 법률사무소 형태로 하게 될 것이지만, 그렇지 않다면 1인 변호사 사무실 형태도 생각해 볼 만하다.

2) 장점 및 단점

1인 변호사 사무실의 장점은 자신의 책임 하에 자유롭게 모든 일 처리를 할 수 있다는 것이다. 시간부터 업무 배분, 사건의 수임부터 관리 등 모든 일 처리를 자신의 결정 하에 자유롭게 할 수 있다. 기본적으로 출퇴근이 자유롭고, 다른 변호사나 직원의 눈치를 볼 이유도 없다. 특히나 어린 아이를 키우는 경우라면 재판 출석 등을 제외하고는 온전히 나와 가족의 일정에 따라 사무실 근무시간이나 상담시간을 조절할 수 있다. 아이들을 키우는 변호사는 자유로운 출퇴근과 재택근무가 가능한 1인 변호사 사무실에 매우 만족하는 경향을 보인다.

또한 사무실 운영비용이 대체로 덜 들기 때문에 사무실 운영비용 때문에 원치 않는 사건을 맡는 일을 최소화할 수 있다. 사무실 운영비 때문에 울며 겨자먹기로 맡은 사건은 두고두고 변호사의 정신을 피폐하게 하며 나아가 다른 사건에 대한 집중마저 방해할 수 있다.

반면에 단점은 이 모든 일의 책임을 오롯이 혼자 감당해야 한다는 것이다. 즉 사건에 대하여 함께 논의할 동료 변호사가 바로 옆 사무실에 있지 않으니 모든 사건에 대한 검토 및 책임을 자신이 전적으로 책임져야 한다는 심리적 압박이 있을 수 있다. 또한 혼자 일하다 보면 외롭거나 단절된 느낌으로 인해 우울감을 느끼기도 한다. 사무실에 혼자 있다 보니 식사를 대충하거나 혼자 모든 업무를 처리하다 보면 바쁜 일정상 식사를 아예 거르게 되는 경우가 자주 생길 수 있다. 더 나아가 사무실에 바쁜 일이 몰리는 경우 도와줄 인력이 없으니 혼자서 모든 일을 처리하기에 역부족인 경우 또한 발생하게 된다. 하지만 사실상 이러한 단점은 변호사 업무의 고유한 장단점으로 봐도 무방하다고도 할 수 있고, 정기적인 식사모임이나 동료 변호사와의 교류, 짜임새 있는 업무시간표 작성, 업무량에 따른 시간 분배 등을 통해 해소할 수 있는 부분이기도 하다.

3) 다양한 협력 사례

1인 변호사를 하게 되면 기본적으로 함께 일할 수 있는 네트워킹이 필수적이다. 특히 유사 직역, 관련 직역과 긴밀한 관계를 유지하는 것이 업무적으로 큰 도움이 될 수 있다. 일반적으로 개인 사업을 하거나 법인을 운영하는 분들은 노무사, 세무사와 자문계약을 체결하고 소위 노무 자문료, 기장료라는 명목으로 매달 비용을 지급하는 경우가 많다. 그리고 일반 개인의 경우에도 근로계약이나 세무 관련 문제는 바로 노무사, 세무사에게 바로 질문하는 경우가 많다. 그렇지만 노무사, 세무사 등 기타 소위 유사 직역의 자격사들은 소송대리권이나 고소대리권이 없으므로 민사소송이나 형사고소 건으로 사건이 발전될 경우 변호사에게 협력을 요청할 수밖에 없다. 따라서 이들과 네트워킹을 한다면 협력도 되고 사건 수임으로도 이어질 수 있다.

• 노무사와의 협력

노동청, 지방노동위원회, 중앙노동위원회 단계의 방어는 노무사와 진행하고, 이후 행정소송이나 민사소송으로 진행되어 변호사에게 의뢰하는 경우가 많다. 다만 직원의 비위 사실에 대해 형사고소를 원하는 경우, 바로 변호사가 맡아 진행하기도 한다.

따라서 사건 의뢰를 사업주가 하기보다는, 이 사건 쟁점이나 증거 등 정보를 가진 노무사가 의뢰하는 경우가 많고, 이미 현 단계에서 노무사 보수 등이 다소 지급된 상태이기 때문에 통상의 행정소송이나 민사소송의 착수금을 청구할 수 없으며, 대부분 성공 보수의 비율을 높이는 경우가 대부분이다. 소송유형으로는 행정처분 취소, 근로자에 대한 형사고소 및 손해배상청구, 부당이득금반환청구 등 다양하다.

• **세무사, 법무사와의 협력**

세무사와 협력 형태는 위 노무사와 협력과 유사하다. 세금 관련하여 기본적인 대응은 세무사가 담당하고, 이후 민사소송이나 형사소송으로 발전할 경우 변호사에게 의뢰하는 경우가 많다. 그리고 자문사에서 세무사를 통해 변호사를 수소문하는 경우 세무와 전혀 무관한 소송을 수임하기도 한다.

그 외에 다른 직역인 법무사는 미등기 부동산에 대한 집단 등기 등 특화된 업무를 진행하고, 변호사는 위 집단 등기 완료 후 전체 부동산에 대한 가압류를 진행하기도 한다. 즉, 특화된 업무의 효율성을 위해 분업화하는 것이다.

• **변호사와의 프로젝트성 협업**

대형 로펌의 경우 각 분야의 전문변호사가 상주하거나 여러 명의 변호사가 있으므로 한 사건에서 여러 가지 법적 쟁점이 있거나, 여러 건의 소송이 진행될 경우 여러 명의 담당 변호사를 정하면 된다. 그러나 1인 변호사의 경우 모든 영역에 대한 소송 경험이나 지식을 갖추기 어렵고, 업무 강도도 1인 변호사가 도저히 감당할 수 없는 경우가 많다. 이런 경우 프로젝트성으로 변호사 간 협업을 하면 대형 로펌의 인프라가 없어도 소송을 수임할 수 있다.

형사 사건의 경우 변호사가 직접 접견을 가야 하고, 의견을 청취 후 정리해야 하며, 재판도 복대리 없이 직접 참석해야 하는 등 변호사의 시간이 상당히 많이 소요된다. 따라서 다수의 변호사가 크게 ① 내부에서 사건 분석 및 의견서 작성, 형사와 관련된 민사 등 대응 방안 수립하는 팀, ② 외부에서 형사 접견, 재판 출석 수행, 언론 대응하는 팀, ③ 회의실 및 직원의 의견서 제출 및 열람, 등사 등 소위 물적 지원을 하는 팀으로 나누어 사건을 정리한다면 1인 변호사의 기존 수임 사건을 진행하면서도 큰 형사사건을 맡을 수 있게 된다. 물론 수임료 역시 안분해야 하지만, 의뢰인 역시 지출한 수임료에 비해 양질의 변호를 받을 수 있고, 1인 변호사도 다양한 사건을 접할 수 있으며, 무엇보다 집단지성의 힘으로 사건 해결의 돌파구를 찾을 수 있는 전략을 수립할 여유가 생긴다.

민사 사건의 경우 현재 전자소송으로 진행하고 있고, 복대리가 가능하므로 대형 로펌의 인프라가 없다고 하더라도 1인 변호사로서 소송 수행이 가능하다.

그러나 우선 사건에 관련되는 당사자별로 변호사를 선임해야 하는 경우가 있다. 예를 들면, 기여분을 가산한 상속재산분할 청구의 경우 기여분을 주장하는 신청인과 사실상 신청인의 기여분 주장을 모두 인정하는 피신청인이 있다면 즉, 신청인과 피신청인 중 일부가 동일한 입장이라 할지라도 쌍방대리 금지의 원칙상 한 변호사가 선임할 수는 없다. 또한 제소전 화해의 경우 임대인과 임차인 간에 제소전 화해조항에 대해 모두 합의가 이루어졌으나, 화해기일에 출석 여부나 추후 임차인이 의사를 변경할 경우에 대비하여 각 당사자의 대리인을 선임해야 할 경우가 있다. 이와 같이 청구 상대방의 지위에 있지만 사실상 동일한 입장인 경우에는 각 대리인을 선임하는 것이 소송 수행에 용이하다.

특정 전문 분야의 지식이 필수적으로 필요한 민사소송의 경우 아예 관련 전문변호사와 협업으로 소송을 진행하는 경우가 많다. 특히 세금 계산, 퇴직금 및 연차수당, 주휴수당 산정, 산업재해 판정 및 장해 비율, 보험금 지급에 대한 의료적 판단 등 위와 같은 특정 전문 분야의 지식이 없는 상태에서 관련 소송에 임할 경우 상담 후 수임 자체도 힘들지만, 어렵게 수임이 되었다고 하더라도 제대로 된 소송 수행이 힘들다. 따라서 위와 같은 동일한 사건을 수행한 경험이 많은 변호사의 자문을 받는다거나 아예 함께 소송을 진행하는 등 여러 가지 협업 형태를 제안할 수 있고, 소위 소송수행에 기여한 정도에 따라 보수를 책정할 수 있을 것이다(경험상 자문 형태로 진행할 경우, 관련 소송 자료를 받고, 작성한 소장, 준비 서면을 감수하는 형태로 진행할 수 있다.).

1인 변호사의 변호사와의 협업 형태가 아직까지는 활성화되어 있지 않다고 생각한다. 아무래도 변호사 업무의 특성상 정확한 업무 분배가 어렵고, 그에 따른 적절한 수임료 분배가 어렵기 때문이지만, 공동 상담을 진행하고, 공동으로 소송을 수임하는 경우 또는 서류 작업을 분담하여 진행하는 형태 정도는 가능할 것으로 보인다.

■ 대안: 심리적 안정감을 주는 별산제로 개업하기

　법무법인 내 별산제의 장점은 이미 법무법인에 사무실 운영에 필요한 모든 인프라가 모두 갖추어져 있어 즉시 일을 시작하기 편하고, 의뢰인들이 '법무법인'이란 외관을 신뢰하게 되어 사건 수임이 잘된다는 점이다. 그러나 별산제의 단점은 법인 운영상 내야하는 세금, 부가세 환급 등에서 정확히 내 몫만큼 정확한 정산이 되지 않고, 직원을 공유할 경우 전담 직원과 달리 적절한 조력을 기대하기 어렵다는 점이다.

　나의 경우 법률사무소를 단독으로 개업하는 리스크가 크다고 판단하여 별산을 알아보기로 했고, 별산으로 개업할 사무실을 알아보기 위해 서울지방변호사회 사이트를 검색하던 중, 대학 선배가 대표로 있는 사무실이 별산 변호사를 구한다는 공고를 보았다. 바로 선배를 찾아가 지금의 내 상황에 대해 상담했고 별산 공고를 낸 다른 사무실도 여러 군데 알아보았지만 역시 아는 사람이 아무도 없는 사무실은 무언가 두렵고 무서웠다. 그래서 아는 선배가 있는 사무실에 별산으로 근무하기로 계약을 하고, 고용을 그만둔 지 한 달 만에 바로 일을 시작했다. 별산이긴 하지만 사무실에 내가 아는 사람이 있다는 건 심리적으로 안정감을 주었다. 혹시라도 처음 개업을 고민하는 변호사가 있다면, 지인이 있는 법인에서 별산으로 시작하기를 권해주고 싶다.

■ **대안: 마음이 맞는 동료와 공산으로 개업하기**

공산 체제는 모든 것을 반으로 나누는 시스템이다. 즉 누구 소개로 온 사건인지 가리지 않고, 모든 수임료를 절반씩 나누고 국선 사건, 외부 강의료 등 기타 수입도 절반씩 나눈다. 사무실 월세, 관리비 등 모든 비용도 절반씩 부담한다. 따라서 개인 기여도가 다를 수밖에 없기 때문에 공산은 금방 깨진다고 우려하는 시선이 많다. 하지만 마음이 맞는 파트너만 찾는다면 공산도 분명 가능하다.

공산 체제로 오래 가기 위해서는 무엇보다도 투명성이 기본이다. 길게 보면 아무것도 아닌 사소한 일이 많은데 그 사소한 일만 집중해서 보면 감정이 상할 수도 있기 때문이다. '법률신문 [청년변호사 QnA] (27) 동료변호사와 동업' 칼럼에 따르면, 많은 선배 변호사가 동업을 시작할 때 가장 중요한 부분으로 '파트너 선정'과 '양보심'을 꼽는다고 한다. 또한 파트너를 선정할 때, 개인적 친분보다 비즈니스적인 마인드로 접근해야 하고 양보할 수 있는 자세를 가진 사람과 하라고 한다. 다 좋은 말씀이다. 그런데 동업하기 전에는 파트너가 어떤 사람인지 알 수 없다는 게 함정이다. 같이 일을 해보지 않으면 알 수 없는 부분이 있고 양보도 상황에 따라 달라질 수 있기 때문이다.

공산 형태가 잘 운영되기만 한다면 장점은 매우 많다. 공산 개업을 택한 변호사 1인은 혼자 개업했으면 지금만큼의 성과를 절대 이룰 수 없었을 거고 둘이라서 가능했다고 이야기한다. 공산 형태로 개업을 했다면 각자의 역량과 장점을 살려 업무 분배를 하는 것이 바람직하다. 수많은 모임의 총무 역할을 한 생래적 총무 출신의 변호사는 돈 관리를 하고 매월 말에 수입, 비용을 정산하여 계좌 거래내역을 출력하고 동업자와 공유하는 일을 맡는 것이 가능하다.

서로의 역량을 보완한다면 시너지 폭발은 당연한 수순이다. 성실하고 부지런하고 책임감이 있고, 비용을 줄이는 데 탁월한 능력이 있고 영어도 잘하는 변호사와, 친절하고 다정한 의뢰인 응대, 탁월한 검색 능력, 세밀한 부분에 대한 기억력, 숫자·오타 등에 대한 꼼꼼한 문서 교정이 강점인데다 수임료 책정을 잘하는 변호사의 조합은 환상적이지 않은가.

또한 사건을 진행하다 도움이 필요하면 주변에 조언을 구하는 데 둘의 인맥을 같이 활용할 수 있는 것도 큰 장점이 될 수 있다. 1+1=2가 아니라 체감으로는 최소 10 이상이 될 수 있다. 업무 분담에 따라서 수임을 한 이후에도 의뢰인 상담, 서면 작성, 재판 출석, 재판부와 수사기관 연락 등의 업무를 상황에 따라 가능한 사람이 서로 보완을 해주면 공동대표지만 서로가 서로의 고용변호사, 직원 역할도 할 수 있다.

다만, 성공적인 공산 체제를 유지하기 위해서는 동업자 간의 굳건한 신뢰, 극도의 투명성, 정확한 돈계산, 양보하는 미덕이 필수적이라 할 것이다. 개업은 회사를 설립하여 경영하는 것과 비슷하다. 처음 시스템을 만들고 키워나가는 과정은 시행착오의 연속이고 외롭고 힘들 수밖에 없다. 그런데 그러한 과정에서 서로에 대한 믿음이 깨진다면 관계 유지가 어려워지는 것은 시간 문제이다. 큰 그림을 그리고 길게 보고 시작한다면 동업자와 함께 많은 경험을 하고 성장할 수 있을 것이다.

1인 변호사 사무실, 어디가 좋을까

■ 변호사 사무실 위치선정 노하우

'개업을 할 것인가?'에 대한 고민에 답이 나왔다면 그 다음은 '어디에 할 것인가?'에 대한 고민이 시작될 것이다. 대체로 변호사들은 서울중앙지방법원 인근에 많은 비율이 모여 있는 편이다. 소위 '서초'는 이미 변호사가 너무 많이 있기 때문에 장점이자 단점이 될 수 있다. 필자는 서초에 갈 것인지 서초 외에 갈 것인지에 대한 고민을 한 뒤 '서초 외'에 가기로 마음을 먹었다.

위치를 정할 때의 기준이 될 수 있는 몇 가지 질문을 던져보겠다. ①어떤 분야를 주력으로 할 것인가, ②주로 맺어온 인맥이 어느 지역에 있는가, 핵심적인 질문은 이 두 가지인 것 같고, 나머지 기준은 각자의 기준이 있을 것이다. 예를 들면 ③의뢰인이 찾기 쉬운가, ④출퇴근이 편리한가, ⑤주차가 편리한가 등이다.

1) 어떤 분야를 주력으로 할지를 먼저 고려하라

자문 업무가 주인 경우는 나의 주요 고객이 어느 분야이며 그들이 어디를 찾아오는 것에 익숙한가가 중요할 것이다. 소송업무가 주인 경우는 대체로 전통적인 입지인 법원 앞이 편리하다. 아무래도 열람, 등사, 제출 등의 업무가 많기 때문이다. 만약 소송업무 중에 국선 사건에 대한 필요가 있는 경우에는 법원 앞은 거의 필수적인 요소가 된다.

2) 주로 맺어온 인맥이 어느 지역에 있는지를 살펴라

송무 분야이든 자문 분야이든 처음에 개업했을 때 나를 찾는 사람들은 '그냥 사무실 앞을 지나가던 아무'일 확률이 적다. 나를 알고 있던 지인들이 나의 잠재적 의뢰인일 가능성이 크다. 예를 들어, 지역적 연고가 있다면 그 지역에서 시작하는 것도 좋은 방법이며 오래 다니던 회사에서 나온다면 회사 근처도 괜찮은 생각이다.

덧붙이자면, 자고로 직주 근접의 시대에 나의 출퇴근에 무리가 없는 곳으로 정하는 것이 삶의 질과 장기적 관점에서 좋지 않을까 싶고, 아예 변호사가 없는 곳에서 새로운 수요층을 개척할 뜻이 아니라면 일단 어느 정도 변호사 집단이 있고 수요층이 오고 가는 전통적인 법원 앞이 무난할 것이다.

■ 지역별 팁

1) 서초, 교대 지역

나는 처음에 잠실 근처의 공유오피스에서 개업을 했다. 일·가정 양립을 위해 개업을 결심한 만큼, 집 근처에서 개업하여 조금이라도 출퇴근 시간을 단축하고자 하는 마음이었다. 변호사 사무실의 특성상 워크인 손님이 많지도 않으니, 상담 예약 잡히면 안내하거나 내가 방문해도 된다고 생각했다. 하지만 생각보다 의뢰인들은 "왜 변호사 사무실이 법원 -특히 서초동- 근처가 아니냐."는 질문을 많이 했고, 잠실이라고 하면 아예 찾아오지 않는 잠재적 의뢰인도 있었다.

아무래도 서울고등법원과 중앙지법이 있는 서초, 교대가 법조인의 메카 같은 인상이 강하다보니, 일반인(의뢰인)의 입장에서는 이 부근에 사무실이 있는 것 자체만으로 첫인상에 좋은 점수를 주는 경우가 종종 있다.

서초-교대 지역의 장점은 ① '접근 편리'이다. 의뢰인들은 물론이거니와 법원, 검찰청, 등기국이 모두 가깝기 때문에 변호사의 입장에서도 편리하다. 특히 고속터미널이 가깝고, 서울역도 멀지 않아 지방에서 방문하는 의뢰인들도 선호하는 입지이다. 그리고 ② '구인 용이'도 장점으로 꼽고 싶다. 잠실에 있을 당시, 법무 직원을 뽑으려고 했으나 쉽게 되지 않았다. 아무래도 법원, 검찰청이 먼 것이 직원에게는 부담일 수 있겠단 생각이 들었다. 서초-교대에는 법무직원을 고용하는 것이 쉬울 뿐만 아니라, 직원 공유도 얼마든지 가능하기 때문에 이 점은 비용절감의 측면에서 매우 큰 장점이라고 할 수 있다. 마지막으로 ③ '인테리어'이다. 아무리 오래된 건물이라도 변호사 사무실로 바로 쓸 수 있는 최소한의 인테리어가 기본적으로 되어 있기 때문에 인테리어 비용을 절감할 수 있다.

서초-교대 지역의 단점은 ① '비싸다.'는 점과 ② '광고가 어려운

점'이다. 잠실-서초 지역에 비슷한 컨디션의 공유오피스를 비교해 보았을 때, 서초 지역의 공유오피스 임대료가 약 20% 정도 비쌌다. 각종 부대비용도 그 정도 차이가 났으니, 실질적으로는 꽤 차이가 많이 나는 수준이었다. 두 번째로, 변호사 사무실 밀집지역이기 때문에 광고가 어렵다는 단점이 있다. 온라인, 오프라인 모두 광고 노출 효과를 누리기가 어려워, 광고로 영업을 대신 하기에는 상당한 비용이 든다.

2) 역삼, 삼성동 지역

나는 서초역 부근의 서초동에서 고용변호사로서 처음 변호사 일을 시작했다. 그리고 교대역 부근의 서초동에서 오래 근무하는 등 변호사로서 가장 많은 시간을 보낸 곳 또한 서초동이다. 그렇지만 정든 법무법인을 떠나 나의 법률사무소를 개업하려고 마음먹었을 때는 막연히 서초동을 벗어나고 싶었다. 예전 어느 변호사님이 우스갯소리로, "서초동은 변호사 반, 사기꾼 반이어서 분위기가 어두워."라고 하셨는데, 서초동 생활에 싫증이 나서 그런지 고개가 살짝 끄덕여졌다. 불편한 것이 있거나, 부족한 것이 있다고 생각한 적은 없지만 법조인의 메카, 서초동의 천편일률적인 분위기를 벗어나 다른 곳으로 가고 싶다는 생각을 해서 역삼동에 자리하게 되었다.

이곳의 가장 큰 장점을 한마디로 표현하면 서초역 및 교대역과는 완전히 다른 이곳만의 분위기이다. 법무법인 또는 법률사무소보다는 다양한 형태의 기업들이 응집해 있는 곳으로 다양한 직종 사람들의 활기가 넘치는 곳이다. 점심시간에 음식점을 가더라도 변호사들은 거의 찾아보기 힘들고, 금융권, 스타트업 및 기타 다양한 분야의 직장인들로 가득하며, 점심시간에 거의 웨이팅이 없고 여유로운 분위기이다. 만약에 서초역 및 교대역과는 다른 느낌을 받고 싶다거나 서초역 및 교대역으로부터 벗어나 기분전환을 하고 싶다면 강남과 역삼을 추천한다. 그리고 개인적으로는 주로 증권회사, 은행, 자산운용사 등 금융회사의 클라이언트가 많고 클라이언트의 대부분은 여의도에 있어 이러한 특수성으로 인하여 9호선 급행을 타고 올 수 있는 봉은사역과 가까운 곳으로 사무실을 얻은 이유도 있었다.

또한 같은 취지에서 여의도가 아니더라도 기업 클라이언트가 많은 경우에는 서초, 교대보다 위치적으로 강남, 역삼이 클라이언트 입장에서는 더 사무실을 찾아오기 편하고, 위치로 인하여 조금 더 고급스러운 법무법인 이미지를 클라이언트에게 줄 수 있다는 장점이 있다.

그 외에도 ① 대기업, 스타트업, 중소기업, 벤처기업 등 기업들이 주변에 많다는 것이다. 그런 만큼 굵직굵직한 법률사무소나 법무법인, 특허법인들이 즐비해 있다. 그리고 ② 워낙 건물이 많은 곳이라 임대할 수 있는 사무실 수도 많다. ③ 내 것은 아니더라도 좋은 건물들이 많다. 크고 높은 건물들을 지날 때 약간 으쓱해지면서 '눈 호강' 하게 될 때가 있다. 메트로폴리탄의 중심에서 일하고 있다는 (헛

된) 뿌듯함, 그런 게 있다. 또 무엇보다 ④ 맛있는 식당이 많다. 단독룸, 한정식, 횟집이 즐비했던 서초동에 비해, 간편하고 깔끔하게 먹을 수 있는 프랜차이즈 식당이나 니트한 맛집이 많다. ⑤ 변호사가 많다. 그래서 왠지 모를 든든함이 느껴진다.

물론 단점도 뚜렷하다. 첫 번째는 비용적인 부분으로, 강남역 테헤란로를 위시한 강남, 역삼, 선릉, 삼성역 쪽은 서초 및 교대역보다 사무실 임대료가 다소 비싸다. 따라서 사무실이 많은 것이 장점이라곤 했지만 예산에 맞는 사무실은 적을 수 있다. 따라서 개인변호사가 처음 개업하는 장소로서는 확실히 부담이 된다. 다만, 법무법인 형태로 다수의 사람과 비용을 상당 부분 분담할 수 있는 경우에는 합리적인 선택이 될 수 있다. 이른바 '서초동 변호사'가 아니게 된다. 변호사가 서초동에서 자리 잡고 일한다는 것이 의뢰인들에게는 특별한 의미가 있나보다. 실제로 왜 서초동에서 나왔는지, 서초동이 많이 비싸냐고 묻는 의뢰인도 있었다.

변호사가 이제 너무 많다. 그래서 광고하기 어렵고 워크인 고객이나 지역 고객을 만들기 곤란하다. 주차비가 너무 비싸고 주차할 곳이 없다. 서초동도 비쌌는데, 역삼동은 더 비싸다. 택시도 어쩜 모범택시만 보이는지. 각 변호사마다 사무실을 따로 줘야 하는 변호사업의 특성에 맞는 인테리어가 된 사무실이 없다. 가벽을 세우고 방을 만드는 등 인테리어 비용을 많이 들여야 개소할 수 있다.

또한 법원과의 거리이다. 물론 서초, 교대와 그리 멀지 않지만 그래도 서울중앙지방법원을 절대 도보로 왕래할 수 없기 때문에 대중교통 등을 이용해야 하며, 이에 따른 약간의 시간 낭비와 불편함이 따른다. 특히 업무를 도와주는 사무직원들이 법원, 검찰청, 등기소 등을 자주 왔다 갔다 해야 하는 경우에는 직원들에게도 많은 부담이 될 수 있다.

정리하면, 소송보다는 자문 위주의 변호사, 기업 클라이언트가 많은 변호사, 법무법인 형태일 경우에는 강남, 역삼은 좋은 선택일 수 있다. 그러나 개인 변호사, 소송을 주로 하는 변호사, 기업보다는 개인 클라이언트가 많은 변호사는 강남, 역삼은 다소 불편한 선택일 수 있다.

3) 문정동 지역

가장 큰 장점은 쾌적한 건물 환경과 편리한 교통이다. 서울동부지방법원은 서울 내의 법원 중에 가장 신축 건물이고, 주변 빌딩들도 모두 신축에 해당하기 때문에 건물 환경이 쾌적한 편이다. 또한 문정역에서 법원이 멀지 않은 역세권이기 때문에 변호사 사무실의 입지 또한 역세권이어서 의뢰인들이 찾는 데 무리가 없다.

그리고 '법원 앞'이 가지는 장점을 모두 가진다. 즉 법원과 검찰청 앞이기 때문에 형사 사건의 경우 문서의 제출과 열람 등사가 용이하다. 사건을 하다 보면 전자로 열람이 안 되는 폐쇄등기부 발급도 필요한데 법원 내에 등기소가 있어서 업무하는 데 시간이 절약된다.

또한 구치소가 가깝다. 형사 사건을 할 때 특히 자주 오가야 하는 곳은 구치소이다. 그런데 서울동부지방법원 앞은 구치소가 가깝기 때문에 동부구치소(관할 : 동부, 북부 사건)에 의뢰인이 있다면 접견이 편리하다. 지방 구치소에 의뢰인이 있는 경우 화상 접견도 동부구치소에서 가능하다.

단점은 서울동부지방법원에서 변호사 사무실을 찾으면 기존에 사무실이던 곳이 아니고, 완전히 공실인 곳에 들어갈 가능성이 크다(물론 다른 지역에서도 원상회복을 해놓은 공실을 받게 되면 똑같으니 꼭 여기만 그런 것은 아니지만). 서울동부지방법원에는 '나가는 사무실'이 많지 않을 것이라는 뜻이다. 따라서 어느 정도 인테리어가 필요하므로 비용이 부담될 수 있다. 그리고 입지가 좋은 곳은 자리가 차 있을 수 있고, 새로 들어오는 사무실이 많은 편이다.

4) 강서(마곡) 지역

마곡. 변호사 사무실이 있으리라고 선뜻 생각하기 어려운 곳이다. 나 역시 서울 서쪽에 한참이나 치우쳐 있고 법원과의 거리도 상당한(가장 가까운 서울 남부지방법원까지 30분 정도 소요) 이곳에서 첫 사무실을 열게 될 것이라고는 상상도 하지 못했다. 지리적 요소로만 보면 개업 후보지의 말단에도 끼지 못할 곳이다.

하지만 아이러니하게도, 내가 마곡에서 개업을 하게 된 이유는 '지리적' 이점 때문이었다. 법원과의 거리가 아닌 '우리 집'과의 거리가 매우 가깝기 때문에 이곳에 자리를 잡았다.

나에게 집은 '쉼'의 공간이었기에, 일에 100% 집중하기 어려웠고 (100%는 무슨, 50%에도 미치지 못하는 것 같다.), 업무공간이 집에서 멀어질수록 출퇴근 시간에 소요되는 에너지가 너무 많은 것이 부담스러웠다. 개업 직전 몸담았던 법인 역시 출퇴근 시간이 하루 총 40분 정도밖에 되지 않았는데, 정말 일이 많고 지칠 때는 이 짧은 시간마저 영원같이 느껴질 때도 있었지만 대부분은 정말 오고 감에 있어 부담 없는 산책길 같았다. 이 1년 반 남짓한 경험이 내가 개업을 할 때에도 출퇴근 거리를 제1 혹은 1.5요소 정도로 두게 된 가장 큰 계기가 된 것 같다.

그래서 현재 출퇴근 시간은 얼마나 걸리냐면, 대중교통 15분, 도보 30분!

내 사무실은 정확히 말하면 5호선 '발산역'에 가깝다. 마곡은 현재 아파트 단지와 오피스텔 개발로 아직 공사판인 곳들이 꽤 남아 있다. 이에 비해, 발산역 부근은 이미 대단지 주거와 이를 기반으로 한 상권이 안정적으로 자리 잡았다. 교통량, 유동인구, 거주인구가 많고 최근 L모 그룹 등 각 기업들의 신규 사업단지 역시 발산역에서 마곡역을 잇는 블록에 형성되어 주간 근무 인구 역시 점점 늘어나고 있다.

사람이 많다는 것은, 사건이 많다는 것. 임대차 분쟁이나 대여금 등 비교적 규모가 작은 개인 간의 다툼으로 워크인 상담이 많은 편이다. 사무실을 찾는 사람들은 변호사 사무실이 서초동에 많다는 것은 알지만, 사무실을 알아보고 서초동까지 찾아갈 시간이나 여력이 없는 분이 많다. 인근에 사는 주민, 직장인들이 포털 검색 등으로 가까운 법률사무소를 검색하고 찾아오기 때문에 점심시간이나 퇴근 후 귀가 전 저녁시간을 이용한 상담도 비중이 있는 편이다. 서초동에서는 찾아보기 힘든 당일 상담의 문의 비중이 매우 높은 특성이 있다. 그리고 거주민이 많이 찾아오기 때문에, 사건 관할은 서울남부지방법원이 가장 많고, 지리적으로 가까운 부천도 종종 있다.

나아가, 대기업들의 신규 사업지로 낙점되면서 해당 기업의 벤더사부터 스타트업까지 소기업이 꾸준히 늘고 있다. 이에 정기자문이나 사업상 문제 해결을 위한 문의가 늘고 있다.

첫 번째 장점은, 발산과 마곡, 마곡나루역 부근을 모두 살펴도, 변호사 사무실은 한 손에 꼽을 정도여서, 경쟁이 적다는 점이다. 이에 별다른 광고를 하지 않음에도 불구하고 포털에 등록된 번호로 일정 부분 상담 및 사건 의뢰가 이어진다. 두 번째 장점은, 임대료가 저렴하다는 점이다. 나는 공유오피스를 이용하고 있어서 더 그렇지만, 일반 임대료 역시 서초동이나 집적 지역의 임대료에 비하여 훨씬 저렴하고 대부분의 건물이 신축이라 시설이 더 좋다.

가장 큰 단점은 아무래도 법원 등 주요시설과의 거리가 멀다는 점이다. 가정법원이나 중앙지방법원, 북부지방법원은 정말 심호흡을 하고 출발해야 한다. 하지만 남부지방법원이나 서부지방법원 등은 5호선으로 빠르게 접근이 가능하고, 9호선 급행을 이용할 수 있는 마곡나루역 인근에 자리를 잡는다면 중앙지방법원 접근성도 높일 수 있어 단점 커버가 어느 정도 가능하다.

두 번째 단점은, 선임으로 이어질 만한 사건의 비중이 적다는 점이다. 지역적 특성상 개인 워크인 고객이 많은 편인데, 그래서인지 개인 간 분쟁 중에서도 소송이나 형사고소 등 '사건화'될 정도의 사건의 비중이 적은 편이다. 간단하게 '사전적'으로 분쟁을 해결할 수 있는 포인트를 짚어드리고 상담으로 마무리되는 경우가 많다.

5) 경기도 수원 지역

수원지방법원이 2019년 3월 수원 광교 지역으로 이전을 하고 수원 내에 새롭게 고등법원과 고등검찰청 청사가 들어오게 되었고, 수원지방법원 근처에는 신분당선 상현역과 법원 사이에 광교법조타운이 새롭게 조성되었다. 수원고등법원 신설로 서울로 넘어가던 업무량의 20~30% 정도가 수원 내에서 처리될 것이라는 예측이 있었다. 수원 관할 인구는 경기 남부 19개 시군의 820만 명으로, 이는 서울고검의 1900만 명 다음으로 부산을 제친 전국 2위라고 한다.

수원가정법원은 수원지방법원과 별도로 분당선 영통역 근처에 별관 형태로 있고 3층 정도의 건물에 작은 규모로 소년보호사건을 함께 처리하고 있었는데, 2021년 1월에 현재 위치 바로 옆에 새 건물을 준공하여 이전할 계획이라고 한다. 수원가정법원 근처나 성남지원, 안양지원, 안산지원 등 앞에도 변호사 사무실들이 있다.

장점은 사건의 수나 서울의 변호사 수와 비교하면 경기중앙지방변호사회 소속 변호사 수가 아직 적은 것이 수원에 변호사 개업을 고려하게 되는 하나의 장점이 된다.

단점은 수원고등법원 조성 계획에 따라서 주변 건물들도 비슷한 시기에 건축되어 개발되었기 때문에 광교법조타운 내 건물들은 대부분 주차장을 보유한 새 건물이고, 임대료는 서울과 비슷한 수준으로 임대료에 대한 장점은 크지 않은 것으로 보인다. 수원에서 별산으로 사무실을 공유하는 월 비용도 서울 지역보다 크게 저렴하지 않다. 또한 수원의 경우 아직 서초, 교대와 다르게 공유오피스가 크게 활성화되어 있지 않다.

또한 서울과 지리적으로 가깝다는 이유로 수원의 사건을 서울에서 변호사를 구하려고 하는 의뢰인도 다수 있어서 수원에 연고가 있지 않다면 수원에서의 개업은 진입장벽이 좀 있는 듯하다.

참고로 개업 시 경기중앙지방변호사회 입회비용은 2020년 9월 현재 5,000,000원으로 서울지방변호사회의 변호사 입회비용 3,000,000원보다 더 고액이다(지방회 입회비용은 대한변호사협회 홈페이지의 '지방회 안내'에 가면 자세히 확인할 수 있다.). 만일 현재 지방회에 이미 가입되어 있고 소속 변경을 하려는 경우 퇴회 시점에 따라 입회비를 반환받을 수 있는지가 달라질 수 있기 때문에 확인이 필요하다.

6) 수도권 외 지방

• 충남 천안 지역

충남 천안을 선정한 배경은 지역적 연고이다. 변호사 개업을 지방에서 하기로 결정하였다면, 제일 먼저 고려할 사항은 지역 연고이다. 아무래도 친숙하고 익숙한 지역 환경이라면 업무를 수행하기에 좋을 것이고, 지역 인사라든가, 지역민과도 융화되기 좋기 때문이다.

충남 지역의 특성은 서울 경기 지역과의 근접성이다. 그렇기에 많은 분들이 충남 개업을 선택하기도 하지만, 반대로 서울 경기와 근접하기에 사건의 수요는 생각보다 적을 수도 있다. 지방 개업을 선택할 때 지방법원의 위치와 지원 단위의 개업을 고려할 수 있다. 확실히 지방법원 소재지의 경우는 개업시장이 크고, 지원 단위의 경우는 개업변호사의 숫자가 적은데, 숫자가 적은 것이 또 장점이 되기도 한다. 특히 도시가 발전 중인 곳이라면 젊은 변호사가 유입되기에 좋은 조건이 아닐까 싶다.

• 전남 광주 지역

광주의 경우 대부분의 개업변호사 사무실은 지산동 법원 앞 또는 상무지구 가정법원 앞에 집중되어 있다. 그 외 지역에도 일부 분포되어 있지만, 1인 변호사는 별다른 사정이 없으면 이 두 지역에서 움직이게 된다.

　법원 앞인 지산동 개업의 장·단점에 대해서 설명하자면 장점은 고등·지방법원과 검찰청이 지척이고 광주교도소, 광주동부·남부·북부경찰서가 모두 20분 이내 거리에 있다는 점이다. 또한 최근 인근에 신축 건물이 많이 생겨 공실률이 늘어남에 따라 이 일대의 임대료가 20~30% 정도 하락하는 추세이다. 신축 건물을 고집하지 않는다면 임대료가 싸면서 꽤 넓은 곳도 찾아볼 수 있고, 특히 '법조타운'의 경우 전용면적 10평 정도의 임대료가 대략 30~40만 원 정도라 1인 사무소를 저비용에 개업하기에 좋다. 단점은 외진 곳이라 업무시간 이외에는 공동화되어 편의시설 이용에 불편함을 느낄 수 있고, 주차 공간이 적어 사설 주차장 정기권을 끊게 되면 고정 비용이 증가할 수 있다.

　상무지구 개업의 장·단점에 대해서 이야기하자면, 장점은 가정법원과 등기소, 광주서부경찰서, 광주시청, 출입국관리소, 각종 지역 기업의 본사와 가깝다는 점이다. 단점은 고등·지방 법원과 멀고, 주차환경이 열악하며, 신도심이라 임대료가 비싸다는 점이다. 가정법원 인근 상가 임대료는 지산동 대비 1.5~2배 정도로 비싸지만, 가정법원 도보 5분 거리에 상대적으로 저렴한 오피스텔이 다수 있다.

　광주 지역의 경우 공유 오피스는 아직 익숙한 풍경이 아니고, 상무지구, 법원 뒤편에 한두 곳 정도만 있는 상황이다. 아무래도 지연, 학연이 매우 강한 편이고 아직까지는 서울에 비해 경쟁이 덜 치열한 편이다.

- **서울과 지방에서 동시에 업무를 수행하는 경우**

 나의 경우는 주말부부 대신에 지방에서 살면서 필요한 경우에만 서울에 가서 업무를 하는 방식을 택하고 있다. 지방의 자택에는 가정용 복합기(삼성전자 SL-C483FW 추천, 나중에 개인 사무실로 독립해도 계속 사용할 예정이다.), 핸드폰엔 모바일 팩스, 스캐너 어플을 설치해 두고 업무수행을 한다. 주로 13인치 노트북으로 도서관, 카페, 스터디 카페 등 장소를 바꿔가며 일하고 있고 이렇게 일하는 편이 나의 성격에 비추어 볼 때 더 능률이 높다. 1인 변호사 사무실의 모토인 '내가 있는 곳이 사무실'이 충실하게 적용되는 예라고 볼 수 있다.

 물론 상황을 모르는 제3자와의 컨택은 번거로울 수 있다. 상대방 변호사 사무실에서 본사로 기일변경신청서를 보내면 본사는 나의 도장을 보관하고 있지 않은 관계로 다시 전화해서 모바일 팩스나 이메일로 다시 보내달라고 해야 한다. 그러나 이런 일은 자주 있지도 않고 감수할 만하다.

 지방 소도시에서 주로 많은 시간을 보내고 있기 때문에 '사적인 공익활동' 이라고 생각하고 이곳에서도 법률상담을 진행하고 있다. 이곳 소도시의 맘카페는 100% 비영리인데 서울과는 다른 친밀함이 있다. 작은 도시이고 한다리 건너면 다들 아는 사이여서 그런지 분쟁보다는 협동과 배려가 있는 곳이다. 물론 이곳에서의 법률상담이 수임으로 연결된 적은 없으며, 소가가 작거나 감정싸움 위주인 이혼 사건이라서 곧 서울로 다시 돌아올 입장에서 수임으로 연결되기를 바라지 않는다.

다만 내가 이 지역에서 일도 잘하고 있고, 비교적 코로나 바이러스 청정지역이라 아기도 어린이집에 보내며 안전하게 잘 기르고 있으니 사회적인 보답을 한다고 생각하고 열심히 진행하고 있다.

이렇게 지방과 서울을 오가는 업무수행이 최선은 아니더라도 '만족할 만한 차선책'이라고 생각한다. 다만 이러한 업무수행은 진행 사건 수가 늘어나면 체력적·물리적으로 한계에 부딪힐 수 있으므로 어느 정도 한계에 이르면 사무실과 주거지를 같은 지역으로 합치는 것이 좋다.

또한 직원을 고용하게 되면 지방과 서울 동시 업무수행은 완전히 다른 국면에 접어든다. 고용주인 변호사가 주로 지방에 머물게 되면 직원은 컨트롤하는 사람 없이 서울의 사무실에서 홀로 근무하거나 재택근무를 하게 되는데 나의 경험상 '사람'만 믿고 비대면 근무를 시작하는 것은 섣부른 결정이라 생각한다.

따라서 지방과 서울에서 동시에 업무를 수행하는 변호사가 직원을 고용하는 경우 비대면 근무에 대비한 '시스템'을 갖출 것을 추천한다. 업무의 지시와 피드백부터 수임료의 입금이나 상담전화에 대한 보고 등 사소한 것까지 규칙을 정하고 규제를 하고 개입을 하는 것이 직원과 변호사 서로를 위해 좋다.

서울과 지방 동시 업무수행뿐만 아니라 코로나 시대의 언택트 근무환경에서도 비대면 근무는 효율성을 발휘할 수 있으나, 이러한 근무 방식은 얼굴을 보며 일을 하는 경우보다 직원을 통제하기 힘이 든다. 그럴수록 규칙을 꼼꼼히 세워야 하고 견제장치가 필수적으로 있어야 한다.

유연한 근무환경으로 가정과 일의 균형을 스스로 찾아갈 수 있는 것이 1인 개업변호사의 매력이라고 생각한다. 내가 깨어 있으면 어디서라도 업무는 가능하고 변호사와 언제, 어디서든지 직통으로 연결될 수 있어서 의뢰인들의 만족도도 높은 편이다. 1인 개업변호사로서 단점도 있겠지만 긍정적인 면도 있으니 이러한 점을 최대로 부각시키고 발전시킨다면 충분히 업무수행을 잘할 수 있다.

지역을 정했다면, 사무실을 찾을 차례

■ 사무실 임차의 모든 것 : 비용이 문제로다

1) 비용

사무실을 임차하기로 하고 생각해 보아야 할 비용들은 꽤 많다. 일단 '보증금, 임대료, 관리비, 매달 나가는 사무용품 관련 비용 - 복사기 / 전화기 / 통신비' 등이다.

그중에서 제일 큰 비중인 보증금과 임대료를 먼저 생각해보자. 사무실을 임대할 경우 임대료는 지역, 사무실의 크기 및 위치에 따라서 천차만별이다. 대략적인 시세는 네이버 부동산이나 인근 부동산 한군데만 가더라도 충분히 알 수 있고, 1층이냐, 2층이냐, 그 이상이냐, 또는 사무실 평수가 10평대냐, 20평대냐에 따라서도 다르다.

일단 교대역 인근 1인 사무실 임대를 가정하면, 실평수 10평대가 최소한의 크기로, 3층 이상으로 대략 찾아보았을 때 임대료의 최소 금액이 보증금 2천만 원 이상에 월 임대료 150만 원이라고 생각된다. 서울동부지방법원 앞은 2천만 원에 120만 원 정도이며, 수원 등 경기도도 이와 비슷하거나 저렴하다(물론 네이버 부동산을 통해 매물을 확인하는 것이 정확하다.). 층이 낮을수록 비용은 올라가며, 필자가 1년 전에 보았을 때 2층 이하의 경우 3층 이상보다 1.5배 이상 임대료가 더 나가는 것으로 파악되었다. 또한 임대료가 높을수록 보증금은 비례해서 오르는 것이 통상적이다.

예전에는 1층의 경우 법무사 사무실이 주로 위치하고 변호사 사무실은 2층이나 3층 이상에 위치하는 경우가 많았으나, 최근에는 1층에 변호사 사무실이 있는 경우도 종종 보인다. 결국 1층에 입지하려는 것은 잠재적 의뢰인의 접근 가능성을 위해서일 것으로 보이는데, 법원 바로 앞이어서 이러한 워크인(walk in) 고객을 많이 받을 목적이라면 1층도 의미는 있을 것이다.

하지만 법률서비스라는 것이 '길 가다가 한번 들르는' 경우보다 좀 더 찾아보거나 누군가의 소개로 올 경우가 많을 것인데 그렇다면 임대료를 낮추는 방향으로 접근하는 것도 방법이다. 임대료에서 부가세는 별도이니 이 점도 포함해서 예산을 생각해야 한다[1].

추가적으로 소소한 비용들을 예측해 보면, 관리비는 10평대에는 20만 원 정도를 예상할 수 있는데 각 사무실 환경에 따라 다르니 미리 중개인에게 확인해야 한다. 전화기와 통신비는 인터넷 회선을 몇 개 설치하느냐에 따라서 비용이 다르고 1인 사무실의 경우 월 5~6만 원 정도 예상된다. 복사기는 렌트로 월 비용으로 지출하는 경우에는 월 8~10만 원가량 나가는 것으로 보이는데 복합기 작은 것을 구매해서 월 지출을 줄일 수도 있겠다.

---

[1] 추후에 환급이 되나 일단은 비용을 먼저 내야 하기 때문이다.

2) 인테리어

- **기본적 노하우**

　사무실을 임차할 때 상태에 따라서 인테리어 비용은 많이 달라질 수 있다. 이미 어느 정도 인테리어가 되어 있거나, 아니면 바닥이나 벽이 손댈 곳이 없는 경우에는 비용이 절약되겠지만, 손댈 곳이 많은 사무실을 임차할 수도 있다. 아무래도 사무실은 의뢰인들이 직접 방문을 하게 될 곳이기 때문에, 어느 정도 깔끔한 인상과 정돈된 사무실의 느낌을 주기 위해서는 인테리어에 투자하는 편이 낫다.

　사무실을 한 번 연 후 계속적으로 운영 할 것으로 생각된다면 인테리어 비용을 너무 아낄 필요는 없다. 사무실을 정하고 나면 생각보다 옮기는 것이 쉽지 않다. 소소하게는 홍보나 명함, 통신회사와의 약정 때문에 귀찮기도 하고, 의뢰인과의 지속적인 관계에서 사무실의 위치를 바꾸는 것은 생각보다 쉽지 않은 일이다. 중간에 인테리어를 보완하는 것이 어렵기 때문에 좋은 자리에 사무실을 잡았고, 개업변호사로서의 커리어가 지속될 것으로 보인다면 인테리어를 깔끔하게 해놓고 시작하는 것이 좋다.

　변호사 사무실의 인테리어는 구조는 기본적으로 하나의 통으로 된 사무실이라면 구획을 나누어 변호사방과 직원이 응대할 수 있는 공간, 회의공간을 나누는 것이 일반적이다. 인테리어 비용은 평당 기본이 100만 원이라고 알려져 있는데, 어느 정도의 결과물을 원하는지 원래의 사무실 상태가 어떤지에 따라서 매우 다르기 때문에 일률적으로 말하기는 어려운 면이 있다.

통상 인테리어 비용에서 평당 가격이라고 하는 것은 말 그대로 사무실의 구획과 정돈을 말하는 것이고 사무실 안에 구비해야 하는 가구들인 책상, 의자 등은 별개의 비용으로 책정된다. 따라서 인테리어 비용을 생각할 때 책상, 의자 등 사무실 안에 채워 넣어야 할 것과 사무기기, 사무용품 등도 책정해놔야 할 것이다.

그런데 이 비용 또한 어떻게 하느냐에 따라서 천차만별이다. 이케아(IKEA)와 같이 대중적이고 저렴한 것으로 넣을 수도 있으나, 통상적인 변호사 사무실에서 사용되는 묵직해 보이는 물품들은 중고라고 하더라도 비용이 저렴하지는 않다. 내부의 물품들을 채워넣는 것까지 인테리어 디자이너와 함께 사무실의 분위기에 맞추어 정하기를 추천한다.

• **구체적인 인테리어 비용**

나의 사무실의 경우 전용면적이 16.21평인데. 2,500만 원(부가세 별도, 가구 등 집기비용 미포함, 에어컨 미포함) 정도 들었다. 큰 돈을 들이지는 않았지만, 나름 젊은 감각으로 인테리어를 했던 터라, 의뢰인들이 카페 같다며 만족하시는 분도 계셨고, 심지어는 인테리어가 깔끔해서 변호사가 깔끔하게 일처리를 할 것 같다며 사건을 의뢰하고 가신 분들도 계셨다. 나중에 사무실 규모가 커질 경우에는 바닥은 대리석으로, 벽면은 타일 등으로 고급스럽게 꾸며보고 싶기도 했다.

가구나 집기도 고급스러운 것으로 하면 좋겠으나, 언제나 비용이 문제이다. 가구는 사무용 가구를 전문적으로 취급하는 곳에서 인테리어와 색깔을 맞추어 구매하였고, 큰 비용을 들이지는 않았다. 내가 구매한 가구는, 책상 2개(변호사용, 직원용), 의자 2개(변호사용, 직원용), 책장 3개(기록, 책 보관용), 쇼파 1개, 회의용 테이블 1개, 회의용 의자 6개, 고객 대기용 테이블 1개, 의자 4개이다.

3) 사무실을 구할 때 주의할 점

위치는 일단 중요하다. 사무실을 구하고 옮기는 것이 생각보다 귀찮은 일이기 때문에 처음에 구할 때 위치를 잘 선택하는 것이 낫다. 주차가 잘 되는지도 확인하자. 요즘 의뢰인들은 자동차를 이용하여 오는 경우가 많다. 따라서 주차하기 너무 불편한 곳은 피하는 것이 낫지 않을까 싶다. 주변 시세를 잘 확인해 보고 공실이 오래된 경우에는 중개인을 통해 임대료 조정도 해봄직하다. 특히 신축 법원의 인근에는 공실이 많으니 좋은 자리를 선점하든지, 아니면 임대료의 조정을 요청해 볼 수 있겠다. 임대인이 일반과세자인지 확인하여 매 거래시 세금계산서를 발급받아야 세금 환급이 된다. 사무실을 임차할 때 원상회복에 대한 부분도 확인이 필요하고, 보통 원상회복을 해야 하기 때문에 인테리어를 할 경우 나중에 사무실을 옮기거나 하는 경우의 수도 생각해 보아야 한다. 사무실을 조금 넓게 구하여 별산으로 변호사님을 초빙하려는 계획이 있는 경우 전대차가 되기 때문에 임대인에 대하여 전대 가능 여부를 확인할 필요가 있다. 변호사 사무실용으로 임대를 많이 해본 임대인은 일반적으로 동의를 해주는 편이기는 하나 계약 전에 확인할 필요가 있다. 비용을 생각할 때 관리비도 빼놓지 않고 확인할 필요가 있다. 관리비는 평당 얼마라고 부동산에서 알려줄 것이지만 부동산 중개인은 조금 줄여서 알려주는 것 같다. 관리비는 통상 10평대는 20만 원, 20평대는 40만 원 정도 나오는 것 같다. 정수기도 사무실 내에 수도가 들어오려면 공사를 해야 하는 경우도 있기 때문에 정수기 설치 가능 여부를 사전에 확인해보아야 한다.

■ 공유오피스를 선택한다면 고려해볼 사항

기존 법무법인 별산제의 경우, 그 실질은 인테리어, 책상 등 집기, 복합기, 회의실 등 설비를 공유하는 사실상 현재의 '공유오피스'의 형태였다. 그러나 위 별산제의 경우 부담해야 하는 보증금, 월세가 비싸서 초기에 개업하는 변호사에게 부담이 컸고, 최근 스타트업 등 일반기업들이 많이 사용하는 공유오피스라는 특수한 사무실 형태가 많아지게 되어 '공유오피스'에서 개업을 하는 변호사의 수가 늘어나고 있다. 최근 교대역에는 변호사 사무실만 입주할 수 있는 공유오피스도 생겨났다.

또한 공유오피스의 경우 대부분 비상주 서비스를 진행하고 있다. 따라서 처음 사업자등록을 자택으로 하지 말고, 공유오피스 주소로 사업자등록만 한 채 우편물만 받거나 상담실만 이용할 수도 있다. 상담실이 별도로 있다면 어차피 변호사가 사용하는 사무실을 의뢰인이 방문하는 일이 잘 없기 때문이다. 그 후 일이 어느 정도 늘어나고, 규모가 커지면 그때 공유오피스에 입주하거나 별도로 법률사무소를 임대하여도 좋을 것이다.

1) 서울 서초 공유오피스를 택한 A

• 사무실은 서초역에서 50미터 정도 떨어진 초역세권 공유오피스에 위치하고 있다. 비용은 1인실 기준 6개월이나 1년 장기 계약한 경우 월 40~50만 원 정도의 굉장히 저렴한 비용으로 개업 가능하다. 2인실의 경우 장기 계약한 경우 월 80~90만 원 선이다. 보증금은 한 달 임대료이고 나갈 때 반환 받을 수 있다.

• **장점**

우선 인테리어 비용이나 기타 복합기, 정수기 등의 렌탈 비용, 인터넷 설치 비용 등 잡다한 비용을 생각하면 비용이 저렴하다. 또한 사건 수임 규모나 직원 유무에 따라 규모를 늘리고 줄이는 것도 용이하며, 이전이 손쉽기 때문에 개업 초기의 변호사들에게는 너무나 매력적이다.

또한 서초역, 교대역의 특성상 공유오피스임에도 변호사 사무실이 입주한 경우가 많아서 의뢰인들이 특이하게 생각하지 않는다.

• **단점**

광고로 오는 의뢰인들은 보통 많은 선택지 중에서 결정하게 되고, 보여지는 부분 즉, 법무법인/법률사무소의 사무실 형태나 규모, 사무실 인테리어 등도 변호사를 선택할 때 분명 영향을 미치는 요소이고 무시할 수 없는 부분이다. 따라서 상담 후 수임까지 연결되지 않으면, 상담실 규모나 공유오피스라는 점 때문에 수임이 되지 않았는지 고민하게 된다.

2) 서울 강서(마곡)의 공유오피스를 택한 B

• 사무실의 위치는 서울 강서구 마곡동 위치(5호선 발산역 도보 2~3분 거리 대로변) 11층 건물 중 8층이다. 비용은 창측과 내측 가격 차이가 있으나 현재 이용 중인 창측 1인실은 50만 원, 2인실은 70만

원 정도(부가세 별도). 장기 할인이 있어 6개월, 12개월 단위로 계약하면 5%, 10% 할인을 적용해 준다.

• **장점**

첫 번째 장점은 일반 임대에 비하여 책상, 의자 등 각종 시설을 갖출 필요가 없고 비용이 저렴하다는 것이다.

두 번째는 프론트 직원들이 손님이 오면 안내를 잘 해주셔서 마치 개인 비서를 둔 것과 같이 느껴질 때가 많다. 근처 다른 공유오피스를 2곳 정도 돌아봤었는데, 프론트 직원에 대한 불만족도가 상담 당시부터 느껴졌다.

세 번째 장점은 위치가 좋다. 5호선 발산역 1, 2번 출구에서 도보 2~3분 정도의 큰 건물이라 찾아오기 쉽다. 대로변에 있어 트인 전망도 장점 중 하나이다. 변호사 사무실의 필수 이동지역인 우체국과 은행이 도보 5분 거리 내에 대부분 위치하고 있어 업무처리도 용이하다.

• **단점**

첫 번째는 오피스 내 변호사가 없어 교류나 협업이 어렵다. 서초동은 변호사용 공유오피스도 이미 마련되어 있지만, 이 곳은 일반 개인사업이나 소기업 위주의 사무실이 주로 입주하고 있고 변호사 사무실은 필자뿐이다. 어찌보면 장점(입주사들 소송대리 등)이 되기도 하지만, 핵심지역이 아닌 변두리다 보니, 협업이나 교류에서 멀어지는 것은 분명 단점으로 보인다.

두 번째는 직원고용이 어렵다. 공유오피스의 공통된 문제일 수 있는데, 1인을 위한 공간이라도 공간 사용료를 내는 개념이다 보니 섣불리 직원을 고용하기 어렵다. 공간 마련을 위한 추가비용이 들기 때문이다. 최근 필요성을 많이 느끼고 있는데, 현재 필자가 쓰는 2인실이라 하더라도 2인이 사용하기는 너무 좁게 느껴진다.

■ **집에서도 가능한 변호사 개업**

처음에는 살고 있는 아파트에 사업자등록을 하고 아파트 주소로 개업을 했다. 집 주소로 개업을 하게 된 이유는 물론 돈이 들지 않기 때문이었다. 아직 아이들이 어려서 되도록 아이들을 챙기고 최소한의 시간만 일해야겠다고 생각했기 때문에, 사무실 유지비용을 최소한으로 줄이기 위해 집주소를 사용하였다. 처음에는 생각하지 못했는데 얼마 지나지 않아 선임계를 쓸 때 집주소를 보면 의뢰인이 의아해할 수 있다는 문제를 알게 되었으나 초기에는 지인 소개 사건이라 큰 문제가 되지 않았다.

집에서 일하는 기간 동안은 집에서 방 하나를 사무실로 꾸미고 서류 작업은 집에서 하고 의뢰인은 근처 카페에서 만나곤 했다. 대부분의 사람들은 카페에서 만나는 것에 이의를 제기하지 않았지만

한 분은 제대로 된 변호사가 맞느냐며 변호사 신분증을 보여 달라고 요구하기도 하셨다. 그런 일을 겪으며 의뢰인들에게 신뢰를 주기 위해서는 사무실이 있어야겠구나 라는 생각을 하게 되었다. 또한 형사사건을 수임하게 되면 내 집 주소가 변호사 정보로 노출될 위험이 있다는 것을 알게 되고, 형사 국선의 경우 집 주소가 노출되면 위험하다고 사건 배당을 주지 않았다. 그리하여 집 주소를 사용하는 것은 몇 달 만에 그만두기로 하고 공유 사무실로 옮기게 되었다. 따라서 개인 거주지로 사무실 주소를 하는 경우에는 최소한 송무의 경우에는 장기보다는 단기간, 또는 사건을 적게 진행하는 경우 등에 제한하여 사용하는 것이 바람직하다고 생각된다.

▌변호사 개업에 필요한 행정 업무

■ 주소 변경

개업을 하고자 하는 사무실이 현재 소속된 지방변호사회 관할 지역과 다르다면, 타 지방회로 소속 변경을 해야 한다(변호사법 제14조, 제21조).

> 변호사법 제14조(소속 변경등록)
> ① 변호사는 지방변호사회의 소속을 변경하려면 새로 가입하려는 지방변호사회를 거쳐 대한변호사협회에 소속 변경등록을 신청하여야 한다.
> 변호사법 제21조(법률사무소)
> ② 변호사의 법률사무소는 소속 지방변호사회의 지역에 두어야 한다.

소속 변경등록을 신청하기 위해서는 우선 대한변호사협회 홈페이지에 로그인을 하고, 소속 변경등록 탭을 누른 후, 소속 변경등록 신청서, 입회원서, 사진을 등록한다. 여기에서 대한변호사협회 소속 등록비용 50,000원을 입금하는 것을 잊지 말아야 한다.

입회원서에는 개업장소의 주소를 기재하는 란에 사무실 주소를 기재하여야 하고, 입회원서 제출 이후, 등록할 소속회에 지방변호사회 등록비를 납부하여야 한다(내가 속한 경기북부지방변호사회의 경우 등록비가 600만 원이었고, 등록비는 지방회 별로 다르다.). 위 모든 절차를 이행하고, 비용을 납부하게 될 경우 소속 변경이 된다.

소속 변경등록 신청이 승인되기까지는 하루가 소요된다.

■ **사업자등록**

개업변호사가 되는 길의 첫 관문은 사업자등록이다. 변호사는 상인은 아니지만, 변호사업은 역시 과세사업이기 때문이다. 따라서 사업자등록을 하기 위해서는 주소가 필요하다. 구체적으로 말하자면, 사업자등록을 위해 세무서에 다음의 서류를 제출해야 한다. 즉, 타인 소유의 건물이라면 임대차계약서, 본인 소유의 건물이라면 등기부등본을 제출해야 한다.

사업자 등록은 국세청 홈택스(인터넷)에서 간편하게 신청할 수 있다. 다만, 변호사가 사업자 등록을 신청하기 위해서는 주소가 변경된 변호사 등록 증명원을 제출해야 한다.

나의 경우에는 사업자 등록증이 발급되는 데까지는 한 3일 정도가 소요되었다. 이제 드디어 수임료를 받을 수 있는 사업자용 계좌를 개설할 수 있게 된다. 사업자등록이 완료되면, 세금계산서용 공인인증서를 발급받은 후, 국세청 홈택스에 등록한 후 사업자로 로그인하여, 수임료에 대한 현금영수증 또는 세금계산서를 발급할 수 있다.

변호사와 같은 전문직들은 복식부기의무자이기 때문에 기장을 하여야 한다. 따라서 수임이 별로 없는 초반은 아니지만, 수입이 생길 경우에는 세무사 또는 회계사에게 기장을 맡기는 것을 추천한다.

▍사무실 운영에 필요한 물품 정리

■ 로고

　예전에는, 법률사무소 또는 법무법인은 변호사협회 로고가 존재하기 때문에, 로고를 따로 제작하지 않고 변호사협회 로고를 그대로 사용하는 경우가 많았다. 기업에서는 CI(Corporate Identitiy)라고 하여 로고, 문자, 그림, 레이아웃 등 디자인 요소를 통해 기업의 이미지를 통일시키는 활동을 하고 있는데, 삼성을 떠올리면, 파란색 타원 안에 SAMSUNG이라는 글자가 음각되어 있는 로고가 연상되고, 엘지를 떠올리면 빨간색 원 안에 L(럭키)과 G(금성)가 사람이 웃고 있는 모양으로 형상화되어, 음각되어 있는 로고가 연상되는 것이 그것이다. 요즘은 법률사무소, 법무법인들도 브랜딩을 위해 각 사무실의 아이덴티티를 살린 로고를 따로 제작하는 경우가 많이 늘고 있다. 법률사무소 명칭을 작명한 이후, 법률사무소의 아이덴티티가 드러나도록 로고를 제작하면 활용도가 매우 높다. 로고에 의미를 담아 제작하였기 때문에, 의뢰인분들께 자신의 사무실의 개성을 드러내며 설명을 드릴 수 있고, 명함, 홈페이지, 인테리어, 간판 등을 그럴듯하게 꾸밀 수 있다.

〈로고 예시〉

CI No.1	CI No.2	CI No.3
법률사무소 청직	윤익 법률사무소 UNIQUE	HOMES LAWFIRM 홈즈 법률사무소
CI No.4	**CI No.5**	**비고**
YOURS LAW OFFICE	잘 아는 변호사들 법무법인 모두의 법률	

■ 컴퓨터

컴퓨터는 직원이 쓸 것과 내 것 모두 일체형 제품을 구매하였는데, 아직까지는 매우 만족스럽다. 일반 제품의 경우 본체와 모니터를 따로 구입해야 하고 본체만 90만 원가량 하는데 일체형은 가격대가 비교적 저렴하고 공간을 많이 차지하지 않아 좁은 사무실일수록 만족도가 높아지는 것 같다. 다만 일체형 제품은 고장이 나거나 업그레이드를 하는 경우 전체를 교체해야 해서 오히려 비용이 더 들 수도 있으니 각자 필요와 사정에 맞는 컴퓨터를 고를 것을 추천한다.

■ 공기청정기

공기청정기는 개업하면서 선물을 받았는데, 있어도 그만 없어도 그만인 것 같다. 개인 사정에 따라 구매 여부를 결정하면 되겠다.

■ 의류청정기(에어드레서, 스타일러)

에어드레서는 기존 의뢰인으로부터 선물을 받았는데 만족도는 매우 높다. 의뢰인 본인이 비 오는 날 다른 변호사 사무실을 갔을 때, 변호사 사무실 직원분이 자켓을 받아다가 상담이 끝난 후, 뽀송뽀송한 옷을 돌려주었다는 이야기를 하면서 선물해주셨다. 나도 습기가 많은 날에는 의뢰인 옷을 받아서 에어드레서에 옷을 돌린 후 돌려드렸는데, 다들 상당히 만족해하신다.

■ 냉장고

냉장고는 두말할 나위 없이 필수품이다. 크기는 탕비실 크기에 적당한 것으로 사면 좋을 것 같고, 의뢰인을 응대하기 위해서는 음료수가 필수이기 때문에 냉장고는 당연히 있어야 한다.

■ 정수기, 냉온수기(생수 배달)

초기 몇 달은 직원 없이 1인 사무실로 운영했고, 비용 절감이 지상 최대의 과제였기 때문에 작은 생수를 구비해두고 의뢰인들에게 드렸다. 그럭저럭 몇 달은 버틸 수 있었는데, 직원을 모신 후에는 감당이 되질 않았기에 냉온수기를 주문하였다. 한 달에 약 2만 원 꼴이다.

정수기를 주문할지, 냉온수기를 주문할지 여부에 관하여 고민이 많았다. 내가 냉온수기를 선택한 이유는 의뢰인들의 편의 때문이다. 정수기를 설치하기 위해서는 수도관을 연결하는 것이 필요했는데, 정수기는 아무래도 탕비실 안에 들어갈 수밖에 없어서, 의뢰인들이 편하게 물을 드시기 어렵다는 생각에 냉온수기를 선택하였다. 각자 사무실 사정에 따라 선택하면 될 것 같다.

■ 복합기 렌탈(OA)

복합기는 필수다. 처음에는 비용을 아끼고자, 무한 잉크가 공급되는 소형 복합기로 몇 달을 버텼다. 그런데 아무래도 잉크젯은 속도가 너무 느리기 때문에, 의뢰인들이 한꺼번에 많은 양의 자료를 가지고 올 경우에는 복사를 하는 데에만 시간이 너무 많이 소요가 되어 불편한 점이 이만저만이 아니다. 한번은 의뢰인이 100장 정도의 서류를 스캔해달라고 하여 스캔을 했는데, 체감상 1시간은 걸린 것 같았다. 의뢰인을 쳐다보니 한숨 소리가 내귀에 들리는 듯했다.

■ 커피머신

커피머신은 필수품은 아니나, 구비해두면 좋다. 대한민국은 커피 공화국이라는 말이 있듯이, 의뢰인분들이 커피를 자주 찾는데 아무래도 커피머신에서 내린 커피를 드리면 만족도가 매우 높아진다. 캡슐커피의 경우 캡슐 하나당 600원~700원 정도하니, 한 달을 기준으로 하면 아무래도 고정비가 발생한다는 단점이 있다.

■ 서류 봉투 등

• 대봉투

서류 기록을 관리하고 담기 위해서는 서류 봉투가 필요하다. 변호사 사무실의 명칭, 전화번호, 로고 등을 새겨넣기 위해서는 대량으로 주문을 하여야 하고, 비용도 그만큼 추가로 들어간다. 나는 어차피 의뢰인들이 보는 게 아니니, 아무것도 기재가 되지 않은 서류 봉투(대봉투)를 주문하였는데, 아직 별로 쓴 일이 없다.

• 중봉투

내용증명 우편 등을 보낼 때 쓰는 중간 크기의 봉투이다. 업무를 하면서 내용증명을 보낼 일이 종종 생기는데, 처음에는 우체국에서 파는 봉투에 사무실 주소와 상대방 주소를 수기 또는 프린트하여 보냈다. 사무실 주소를 일일이 쓰는 데에 시간이 드는 것은 물론이고, 엄청 없어 보이는 건 덤이다. 그래서 로고와 주소를 기재한 중봉투를 주문하였고 매우 만족하고 있다.

• 편지봉투

편지봉투는 부모님 용돈을 드리거나, 직원 상여를 현금으로 줄 때 외에는 별로 사용한 적이 없는 것 같기는 하다. 다만, 업무상 사용할 일이 생길 수도 있으니 주문을 하여 구비하는 것도 나쁘지는 않을 것 같다.

■ 판촉물(볼펜, 달력 등)

의뢰인 중 한 분은 볼펜 판촉물을 제작하시는 분이었는데, 사무실 명칭과 전화번호, 이름이 기재된 볼펜 500자루 정도를 선물로 주셨다. 덕분에 잘 쓰고는 있으나, 꼭 필요하지는 않은 것 같다. 나는 2월에 개업했기 때문에, 달력을 주문하지는 않았는데, 연초에 달력을 주문하고 거래처나 의뢰인분들께 드리면 이를 기회로 찾아뵐 수도 있고, 꾸준히 연락을 지속할 수 있기 때문에 올 연말에는 주문을 하려고 생각 중이다.

■ **천공기, 스테이플러 등**

　천공기는 필수품은 아닌 것 같다. 2구 펀치로 대체할 수 있기 때문에 있으면 좋고 없어도 크게 문제 될 일은 없다. 스테이플러의 경우 30~40장 이상의 종이를 편철할 수 있는 것을 구비하는 것은 필수다. 나는 법인 설립 등기 업무를 보고 있는데, 첨부서류와 신청서류를 한꺼번에 편철하기 위해서는 심이 얇은 스테이플러로는 불가능하다. 집게로 집을 경우에도 서류들이 흩어질 수 있어서, 두꺼운 심을 사용하는 스테이플러를 한 개쯤은 구비해두는 것이 좋다.

■ **문서 세단기**

　"아휴, 세단기에 문서 또 걸렸어?" 라는 광고 문구를 들어본 적이 있을 것이다. 변호사 사무실은 개인정보를 많이 취급하기 때문에, 세단기는 필수다. 세단기는 가격대가 10만 원대부터 200만 원 대까지 다양한데, 10만 원대 세단기는 많은 양의 문서를 한꺼번에 세단하기가 어렵고, 그마저도 모터가 과열되어 작업이 중지되는 경우가 발생한다. 그래서 너무 저렴한 세단기는 추천하지 않으며, 30만 원대의 세단기를 구매하는 것을 추천한다. 아직까지 종이가 걸리거나, 멈추는 일은 발생하지 않았다.

■ **투명 파일 홀더**

투명 파일 홀더는 필수품은 아니나 있으면 좋다. 개업 초반 의뢰인들과 수임계약을 체결하고 계약서를 덜렁 드린 일이 있었는데, 의뢰인들이 봉투에라도 좀 넣어서 주라고 핀잔을 준 기억이 있다.

아무래도 봉투에 넣어서 드리거나 투명 파일 홀더(사무실 로고가 박힌 것)에 서류를 담아 드리면 모양새가 좋아 보이니, 500장 정도는 주문해놓고 계속 사용하면 좋을 것 같다.

■ **조립식 도장 및 고무스탬프**

조립식 도장은 필수품이다. 소송 위임장 등에 의뢰인들의 도장을 날인하여야 하는데, 막도장을 매번 조각할 수는 없는 노릇이기 때문에, 변호사 사무실에서는 조립식 도장을 무조건 구비해 두어야 한다. 조립식 도장은 개인 도장만 있는 것이 아니라, 법인 도장도 조립할 수 있는 도장이 나오므로, 개인용 조립식 도장, 법인용 조립식 도장 총 2세트를 구비해두면 된다. 또한 요즘은 온라인에서 막도장을 찍을 수 있는 서비스도 있으니 참고를 바란다. 법원 앞에서 구입하는 것보다 인터넷 업체를 찾아 구입하면 저렴하게 구입가능하다.

〈고무스탬프 예시〉

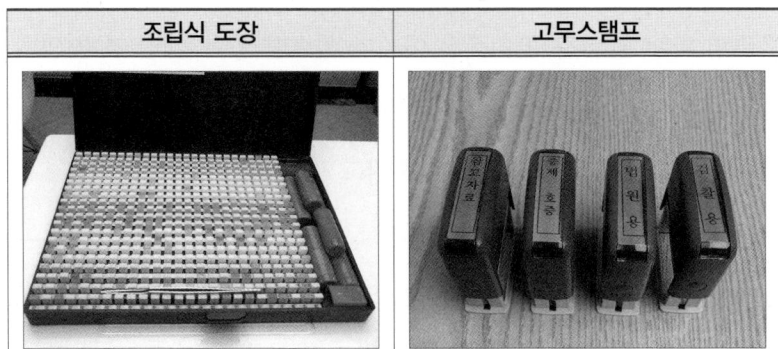

| 조립식 도장 | 고무스탬프 |

직원 채용은 필수일까

■ 직원 없이 사무실 운영하기

1) 장점과 단점

초창기 개업변호사가 직원 없이 사무실 직원 업무를 직접 해보는 경험 자체는 틀림없이 이후 사업 운영에 도움이 된다. 지피지기면 백전백승이다. 업무 지시를 하려고 해도 사무실 직원이 담당하는 일이 무엇인지 정확히 알아야 효과적인 업무 지시를 할 수 있다. 개업은 사업이다. 사업은 하나부터 열까지 오너가 알수록 레버리지하기 쉽다.

단점은 직원 없이 혼자 일을 하다 보면 변호사 본연의 연구조사 시간에 방해받는 경우가 많다. 법원 검찰에 직접 열람 복사를 할 경우 반나절이 소요되기도 한다. 전화를 대신 받아주거나, 일정을 조율해주는 사람이 없기 때문에 업무 중간 중간에 모든 것을 소화해야 한다. 단기적으로 추천하자면, 전화의 경우는 '전화비서' 업체를 통해서 해결하고, 법원 검찰의 열람 복사 업무는 동료 변호사 사무실 직원을 통해 아르바이트 형태라도 고용해서 도움을 받는 것이다.

사무실 직원의 고용문제는 정확하게는 '비용의 문제'라고 생각한다. 개업변호사라면 주어진 시간 안에서 변호사만이 할 수 있는 대체 불가능한 일을 하기 위해서 직원 고용은 필수이다.

2) 직원 없이 일하기 위해 갖추어야 할 준비사항

사실 직원의 유무를 떠나서 개업을 위해서는 제일 중요한 것이 시스템의 구축이다. 다만 직원이 없다면 변호사가 혼자서 직원의 업무와 변호사 업무 그리고 영업활동까지 일당백 역할을 해야 하기 때문에 기본 시스템을 갖추어 놓았다면 좀 더 수월할 것 같다.

사무실 기본 장비(전화 팩스 스캐너 등)를 잘 구축해 놓고, 전화의 경우는 전화비서 서비스를 이용한다. 의뢰인 및 상담자의 경우는 최대한 예약제를 활용하여 시간을 조율하도록 한다.

3) 직원 없이 일할 경우 활용할 수 있는 방법 소개

- **직원이 없다면 내 시간을 확보할 방법을 찾자!**

직원 없이 일하는 경우 가장 필요한 것은 변호사로서의 업무를 수행할 나의 시간을 확보하는 것이다. 직원이 필요한 가장 큰 이유 또한 변호사로서 내가 일할 시간을 확보하기 위해서는 잡무, 전화응대, 열람 복사 등을 대신해줄 조력자가 필요하기 때문이다.

개업 초기에는 직원이 없더라도 대부분 문제 되지 않는다. 하지만 송무 위주의 업무를 하게 되면 어느새 재판 일정이 생기게 되고, 재판을 위한 열람복사, 서면 제출, 상담, 재판 출석…. 몸이 열 개라도 부족할 만큼 바빠질 수 있다.

따라서 계속하여 직원이 없이 사무실을 운영하고 싶다면 직원이 없이도 할 수 있는 업무 위주(계약서 검토, 강의, 자문 위주, 송무를 하더라도 기록열람복사가 필요 없는 민사, 행정, 가사소송 위주)로 아예 업무 분야를 정하는 것이 좋다.

직원이 없는 경우, 최소의 비용으로 변호사의 시간을 확보할 수 있는 방법으로 추천하는 것은 전화비서 서비스이다. 인터넷에 전화비서 서비스로 검색하여 마음에 드는 업체와 계약하면 되는데 비용은 10만 원 초반대 정도로 저렴한 편이나 요청하는 업무(문서 수발, 팩스 송수신, 콜센터 업무 등)에 따라 비용은 달라질 수 있다.

기본적으로 전화비서 서비스는 변호사 사무실의 전화를 전화비서 서비스 업체로 수신전환해 놓으면 사무실로 걸려오는 전화가 바로 전화비서 서비스업체로 연결되어 사무실에서는 변호사가 직접 전화를 받지 않아도 된다. 전화비서는 의뢰인 전화를 받게 되면 변호사에게 문자와 메일 등으로 전화에 대한 메모를 남겨주고, 이를 확인 후 변호사가 의뢰인 등에게 전화를 하면 된다. 별것 아닌 서비스로 생각될 수 있으나, 막상 혼자 사무실을 운영하다 보면 상담이나 재판 중 오는 전화를 받기 어렵고, 하루종일 외부 일정이 계속되는 경우 바로바로 응대가 안 되는 경우가 생기기도 한다. 연락이 되지 않는 변호사라는 이미지는 사무실에 대한 의뢰인 불만으로 이어질 수 있음을 감안할 때 도입을 고려해볼 만한 서비스이다. 실제로 이용하는 변호사들은 매우 만족하고 있다.

전화비서 서비스는 특히 변호사가 집중해서 서면 등을 작성하는 경우 전화응대를 하느라 시간 낭비를 하지 않도록 해주며, 워킹맘의 경우 아이들과 함께 있어서 의뢰인 전화를 받기 어려운 경우에 전문적인 비서 서비스를 이용함으로써 난감한 순간을 대처할 수 있고, 불필요한 전화를 애초에 거를 수 있어 스스로 시간 활용을 할 수 있는 장점이 있다.

또한 일용직으로 아르바이트생을 고용하는 경우가 있다. 단기 아르바이트생을 구한다면 비용 및 고용 부담도 적다. 이 경우에도 변호사협회에 직원으로 등록하면 문서 수발, 열람 복사 등 일반적인 변호사 사무실의 업무를 할 수 있다. 다만, 변호사 사무실 업무가 일반적으로 익숙하지 않은 업무라서 직원 교육에 많은 시간이 투여될 수 있다는 단점이 있다.

• 유용한 애플리케이션 등

cam scanner

직원이 없는 게 가장 힘든 순간은 형사기록 열람, 복사이다. 그런데 나를 구원해준 것이 바로 cam scanner 어플이다. 형사 1심 기록은 개인정보를 지워서 복사해야하므로 위 어플을 사용할 수 없지만, 2심, 3심은 사용할 수 있다. 처음 개업하여 휴대용 스캐너를 살까도 고민했었는데, cam scanner를 사용하니 굳이 필요성을 느끼지 않게 되었다.

모바일 팩스 어플

상주 직원이 있으면 팩스 업무는 직원이 해주겠지만, 직원이 없을 때는 팩스 때문에 사무실에 나가야 하는 경우가 상당히 귀찮았다. 그때 모바일 팩스 어플을 알게 되었다. 핸드폰으로 팩스 수, 발신이 되기 때문에 매우 편리하다.

엘박스(https://lbox.kr/)

엘박스는 하급심 판례가 꽤 많이 검색된다. 더구나 무료이다. 또 사건번호를 알면 판결문 입수도 해준다.

■ **직원을 고용할 때 참고할 사항**

1) 고용하게 된 계기

- **변호사로서 성장에 시간과 노력을 투자하기 위해 직원을 고용한 경우**

1인 변호사 개업 후 가장 좋은 점은 시간이 자유롭다는 것이지만, 직원을 고용하지 않으니 모든 일을 내 스스로 해야 했고 민사 사건의 경우 전자소송으로 진행하여 장소, 시간에 구애받지 않고 일을 할 수 있으니 새벽에 일어나서 일하는 등 시간 효율이 더 높다고 생각했다.

나의 경우 개업 후 첫 사건은 임대차보증금반환청구 사건이었는데, 이후 부동산경매신청, 경매 후 임차인이 낙찰받아 등기촉탁신청까지 쭉 진행해야 하는 건이었다(임대인에게 아무런 자력이 없는 경우였다.). 위 사건을 수임한 후 계속하여 유사 사건의 수임 의뢰가 이어졌고, 관련 사건을 모두 전자소송을 진행하니 일일이 전자소송에 당사자를 기재하고, 전자등기부등록을 발급하여야 하며, 첨부서류를 등록하고, 동일한 내용의 경매신청서를 작성하며, 비용을 납부하는 등 소위 복사해서 붙이고 하는 단순 업무에 과부하가 걸렸다.

그리고 새로운 사건을 수임하기 위해서는 법률 상담을 해야 하는데, 상담 시간이 잡히면 상담에 필요한 자료 준비, 관련 자료의 복사, 수임계약서 작성 등을 모두 혼자 해내야 하니 부담이 되어 상담을 많이 진행할 수가 없었다.

개업 후 3개월이 경과하자 수임한 사건의 진행, 새로운 사건의 접수, 사건 수임을 위한 상담일정이 서로 혼재되어 도저히 하루도 마음 편히 쉴 수가 없는 지경이 되었다. 1인 변호사의 장점으로 생각했던 시간이 자유롭다는 것이 모든 시간에 일을 해야만 한다는 의미로 퇴색된 순간이었다.

또한 1인 변호사로서 사무실을 운영한다는 것은 이번 달 매출이 좋다고 다음 달 걱정이 되지 않는 것이 아니었다. 그리고 변호사의 보수라는 것이 매달 일을 하는 만큼 받는 것이 아니라 새 사건을 수임해야 착수금으로 선금을 받는 형식이라서 어느 달은 일을 엄청 열심히 했는데, 수입은 그렇지 않은 경우가 많았다. 그런 달이 지속되면 오히려 일을 더 하기 싫고 지치게 된다.

처음에는 고용변호사 자리를 박차고 당차게 개업했는데 고용변호사의 월급보다는 더 수익이 있어야 하는 거 아니냐고 생각했고, 가족들이나 동료 변호사들의 시선이 신경 쓰이기도 했으며 내가 버는 만큼 내 가치가 올라간다고 착각하기도 했다.

그러나 당장의 수익보다는 내가 앞으로 계속해서 어떠한 방향으로 변호사 일을 하고 싶은지 고민했고 심사숙고 후 직원을 고용하기로 하였다. 지금은 직원이 대신할 수 없는 변호사만 할 수 있는 업무에 집중하고 시간 여유가 있을 때 최신 판례 및 전문분야 공부를 하고 있다. 다소 수입이 줄었지만 아직은 이 생각에 변함은 없다.

- **근무시간 중 적절한 의뢰인 응대를 위해 직원을 고용한 경우**

법률사무소를 개업하겠다고 마음을 먹고 개업한 지 얼마 되지 않았을 때까지는 직원을 고용하지 않으리라 마음을 먹었다. 직원을 고용할 경우 직원의 식대, 급여(상여 포함) 등, 고정비용이 상승하게 되고 직원을 관리하는 데에서 오는 스트레스가 이만저만이 아닐 것이라고 생각했기 때문이다. 대신 고용변호사로 있는 동안 개업을 하겠다는 생각은 확고하게 가지고 있었기 때문에 틈틈이 직원들로부터 전자소송 사용법, 비용을 처리하는 법, 법원, 검찰에 전화하는 법 등 직원의 업무를 배워 익혔다.

개업 이후 몇 달간은 사건 수임 건수가 몇 건 되지 않았기 때문에,

직원의 필요성은 별로 느끼지 못하였다. 하지만 개업한 지 3달째부터는 사건 상담, 전화 문의 응대, 문서 수발, 재판 출석 등 사무실에서 벌어지는 모든 업무를 동시에 처리하다 보니, 실수가 생기게 되었고, 의뢰인들도 불편을 느끼는 모습을 보게 되다 보니, 직원 고용의 필요성을 느끼게 되었다.

더욱이 사건 수임이 일정 시점에 몰린다는 것을 간과하였다. 하루에 2~3건이 동시에 수임되는 때도 있었는데, 그럴 경우에는 기존에 계획했던 업무가 모두 마비가 되었다. 예를 들면 수임계약을 체결하기 위해 상담을 하고 계약서를 작성하던 중 기존 의뢰인 또는 신규 의뢰인이 사무실을 예고 없이 방문하거나, 전화를 하는 경우에는 동시에 의뢰인을 응대할 수 없는 상황이 발생하게 되는데 이런 경우에는 기존 고객, 신규 고객 모두에게 양해를 구하게 되는 경우가 발생하였고 신뢰도가 급감하고 있다는 기분을 느끼게 되었다.

의뢰인을 응대하는 데에 불편한 것도 있지만 문서 수발을 하는 데에서도 불편함이 이만저만이 아니었다. 내 사무실의 경우에는 우체국을 가기 위해서는 도보로 왕복 30분 정도가 걸리고 차를 몰고 갈 경우에는 10분 정도가 걸리는 데다 주차도 어렵다. 그래서 마음먹고 우체국을 가야 하는데 사무실을 비웠을 때 의뢰인이 방문하였다가 그대로 돌아가는 경우가 왕왕 있었다. 그때마다 의뢰인들은 불편함을 호소하였고, 친한 의뢰인들의 경우에는 "변호사님, 사무실 지키는 직원 한 명쯤은 있어야 하는 것 아니겠습니까?"라는 말을 던

지곤 하였다.

　결국 사건의 수행과는 크게 관련이 없는 잡무로 인하여 일과 시간 중에 시간을 뺏기게 되니, 자연스레 야근을 밥 먹듯 하게 되었고, 일과 시간 중에 서면을 작성한다는 것은 아예 상상조차 못 하는 것이 되었다. 개업한 지 4달째부터는 새벽 2~3시에 퇴근하는 것이 일상이 되었고, 그에 따라 체력이 고갈되는 것을 몸으로 느끼게 되었다.

　더욱이 개업한 지 얼마 되지 않았기 때문에, 사람들을 만나면서 영업을 해야 하는데, 잡무로 인하여 시간을 내지 못하니 영업할 시간조차 허락되지 않아, 악순환에 빠지게 되었고, 일과 가정 모두를 잃게 되는 것은 아닌가 하는 우려 속에 직원을 고용해야겠다는 결심을 굳히게 되었다.

2) 고용의 경우 장점과 단점

● **장점**

　소위 단순 소송업무에서 해방된다. 민사 사건의 경우 현재 전자소송으로 진행하면서 당사자를 일일이 양식에 맞추어 기재해야 하고, 증거도 전자소송에서 허용하는 용량에 맞추어 제출해야 하며, 모든 자료를 스캔본으로 제출해야 한다. 그리고 간단한 주소보정, 변론기일변경신청이나 가압류, 가처분 등 보전처분 및 후속 보증보험료 납부 진행 등은 직원이 스스로 할 수 있으니 훨씬 업무 부담이 덜어진다. 또한 형사 사건의 경우 열람 등사, 접견 신청, 기일 체크 등을 직원이 담당하니 변호사의 시간이 절약된다.

- 상담 시 보조가 가능하다. 직원이 상담 전 간단하게 상담할 내용을 물어보고 관련 사건 자료 조사를 해 주면 훨씬 상담이 편하다. 실제 상담이 이루어지는 경우 의뢰인들은 변호사와 충분히 시간을 가지고 하는데, 수임을 하려면 원본 자료도 복사해야 하고 수임계약서도 작성해야 한다. 이때 직원이 보조를 해주면 상담 직후 바로 수임으로 연결되기 쉽다.

- 회계 업무 및 수임료 수납이 가능하다. 상담료나 수임료를 사업자통장으로 직접 입금하시는 경우에는 후속적인 세금계산서나 현금영수증 발급 처리를 해야 하고, 신용카드로 납부하시는 경우에는 신용카드 단말기를 사용해야 하는데 위와 같은 업무를 직원이 담당하면 편하다. 또한 경유증 사용 정리, 복식 부기 회계 업무, 변호사회 회비 납부 등의 업무도 가능하다.

- 사무실에 가지 않아도 된다. 1인 변호사의 경우 법원 우편물이나 팩스 수령, 복사기나 스캐너 사용 때문에 사무실에 출근해야 할 경우가 있다. 그러나 직원이 있다면 대부분의 단순 업무는 스스로 할 수 있으므로 이메일이나 카카오톡으로 업무 지시만 내리면 된다. 그 시간에 외부 상담이나 외부 강의 등 일정을 진행할 수 있다.

- 의뢰인들을 충실하게 응대할 수 있다. 다른 사건의 의뢰인들이 동시에 사무실을 방문하거나, 의뢰인 응대 중 전화가 오더라도 직원

분이 응대를 할 수 있어서 안심하고 응대 중이던 의뢰인에게 집중할 수 있게 되었고, 나아가 기분 탓인지는 모르겠지만, 의뢰인들의 만족과 신뢰감이 상승한 것을 느낄 수 있었다.

같은 맥락에서 변호사 본연의 업무에 치중할 수 있어서 심리적으로 안정이 된다. 직원 없이 운영하던 몇 달간은 재판, 경찰서 조사입회, 영업 등으로 사무실을 비울 경우에, 휴대전화로 착신전환을 하며 의뢰인이 찾아오면 어쩌지 하는 불안에 떨었지만, 이제는 그런 걱정이 사라져 만족스럽다.

- **단점**

 - 고정비 부담이 늘어난다. 직원의 급여, 4대 보험뿐 아니라 대표변호사 본인의 건강보험료와 국민연금, 직원의 자리 마련(법무법인 별산이나 공유오피스의 경우, 직원을 고용하면 별도의 자리 비용을 지급해야 한다.) 등 일단 수익에서 고정적으로 나가는 비용이 생기므로 매달 매출에 대한 부담감이 생긴다.

 - 직원의 능력은 천차만별이다. 경력이 있다고 해도 특정 소송만 해보았다든지, 기본적으로 송무에 대한 이해가 없으면 단순히 경력이 있다고 해서 업무 능력이 올라가지 않는다. 어찌 보면 내 사무실 스타일에 맞게 어느 정도는 설명하고 가르칠 수 있어야 직원의 실수를 줄이고 내 업무 부담을 줄일 수 있다. 처음부터 실력 있는 직원을 채용하는 것이 힘들다면 내가 실력 있는 직원을 길러낼 수밖에 없다.

- 노동법 지식이 필요하다. 생각보다 많은 변호사 사무실에서 근로계약서를 작성하지 않거나(미작성 및 미교부 모두 처벌됨), 각종 수당 및 퇴직금 미지급이나 해고 절차를 지키지 않아서 노동청 조사를 받기도 한다. 사업자로서 기본적인 노동법 숙지가 필요하다.

- 직원 관리에 신경을 써야 한다. 직원이 하는 일을 관리, 감독하여야 하고 직원이 고객 응대를 잘하지 못할 경우 그 결과는 결국 변호사에게 돌아오기 때문에 직원 교육 역시 신경 써야 하는 부분이다.

또한 개인 변호사가 직원을 고용했는데, 사건이 많지 않으면 직원의 업무 밀도가 떨어지는 일이 발생(직원이 노는 경우)하기도 한다. 직원을 고용하였을 때 이점을 누릴 수 있는 적정 변호사 수 대비 직원은 2:1이라고 생각한다.

■ 어떤 직원을 채용해야 할까?

1) 직원 채용 전 체크 사항

나는 직원 없이 9개월을 일하다가 직원을 고용하게 되었다. 직원이 없을 때 이미 직원이 해야 하는 일들을 모두 경험해 보았기 때문에 직원 면접을 볼 때는 직원의 성품과 센스 위주로 확인하였다. 직원이 법률사무원의 경험이 없다고 하더라도 내가 충분히 가르쳐 줄 수 있었기 때문이다.

그래서 나는 ① 직원이 의뢰인 응대나 전화 응대를 얼마나 친절하게 할 수 있는지, ② 일을 시켰을 때 의사소통이 얼마나 잘 될 것인지, ③ 지시한 업무에 불평, 불만 없이 잘 할 수 있는 성품인지를 보았다. 1인 사무실의 경우에 직원이 사무 업무 외에 쓰레기 치우는 등의 작은 일도 해야 하는데 이런 것도 성실하게 할 수 있는 성격인지가 의외로 중요하다.

그런데 만약에 변호사 업무를 해오면서 지금까지 모두 직원이 있는 곳에서 일했고, 개업과 동시에 직원을 고용할 것이라면 중요한 기준은 '어느 정도 법률사무원의 업무를 경험해 보았고, 어느 일까지 할 수 있는지'가 될 것 같다. 아무래도 지금까지 직원이 사소한 부분은 처리하며 변호사 업무를 해온 변호사라고 하면 법률사무원 업무 경험이 있어서 변호사의 일을 하기 쉽게 만들어주는 직원이 필요하겠다.

2) 경력직 vs 신입

• **경력직**

장점	단점
사무실 개업 초기 시 오너가 송무 외 나머지 사무실 업무를 잘 모를 때, 본인이 알아서 한다.	급여를 많이 지급해야 한다.
새로운 업무의 습득이 빠르다.	기존 업무 방식에 익숙해 있어서, 새로운 오너의 방식에 반발하기 쉽다.
	이직할 확률이 높다(급여, 업무량, 근무 조건 등을 계속해서 따진다).

• **신입**

장점	단점
급여가 낮다(수습 3개월도 활용 가능).	하나부터 열까지 가르치면서 일해야 한다.
각종 지원금(일자리안정자금, 두루누리 지원 등) 수령에 용이하다.	실수가 잦고, 업무량을 서서히 늘려야 한다.
오너의 일처리 방식에 잘 따른다.	
이직할 확률이 낮다.	

위 장단점을 고려하여 사무실 개업 초기 업무량, 사건 유형, 사무실 유동자금, 변호사가 송무 외 나머지 업무를 얼마나 숙지하고 있느냐에 따라 적합한 직원을 채용하면 될 것이다.

3) 직원을 구하는 방법

- **경력직**

경력직 직원의 경우 지인 변호사님이나 기존 사무실 직원의 소개로 구하는 경우가 많다. 그것이 여의치 않을 경우에는 각 지방변호사회 구인란 또는 전문 구직사이트(사람인, 잡코리아 등)를 통해 숙련된 직원을 고용할 수 있다.

- **신입**

전문 교육기관(법률사무직원)을 활용(ex 중앙법률사무교육학원)하여 채용을 진행한다. 또는 각 지회, 법원의 변호사 사무직원 양성교육 수료자를 활용하거나 전문 구직사이트를 활용한다.

같이 일하는 동료를 구하는 것은 원래 어려운 일이다. 한 번 맺은 인연을 아름답게 유지하는 협력의 지혜가 필요한 순간이다.

▎업무의 양과 질의 균형을 꾀하자

　사무실 개업하고 몇 개월이 지나자 업무가 쌓이기 시작했고 어느새 혼자서 뛰고 연락하고 검토하고 전화하고 결국 점심 못 먹고 일하고 이동하면서 차에서 점심 먹고 전화 돌리고 하는 수준에 이르렀다. 이런 경험을 하며 클라이언트가 나와 원하는 시간에 바로바로 연락되지 못하는 경우들이 점점 생겨나기 시작했고, 내가 밥도 못 먹고 지쳐서 일하는 문제, 그러다 결국 피곤해서 제대로 응대하지 못해서 놓치는 신건, 체력 저하, 피곤함에 직면하고 어느 순간 내 사무실 운영 방식을 정해야 한다는 생각을 하게 되었다.

　내가 혼자 일하는 이유는 가볍게 살고 싶고 소수의 클라이언트에게 집중하고 나머지 업무 시간은 클라이언트에게 더 나은 서비스를 하기 위한 재투자(독서 리서치 언어 강의) 시간으로 채우고 일과 시간 이후는 가족과 보내기 위해서이다. 그런데 얼마 지나지 않아 1인 사무실은 '내 노동력을 갈아 넣어야만' 운영되는 사업이라는 것을 알게 되었다. 내가 움직이기 않으면 어떠한 일도 진행되지 않는다는 게 이렇게 무서운 일일 줄은 조직에서는 몰랐다.

　법률서비스는 많은 경우 일생에 단 한 번 받을까 말까 한 서비스이기도 하다. 게다가 한번 거절하면 언제 또 새 고객이 찾아올지 기약할 수 없다. 따라서 쉽게 상담이나 의뢰를 당장 바쁘다고 단칼에 자를 수 없는 구조이다. 따라서 성수기 비수기를 대비한 자기 나름

대로의 통계와 패턴분석이 필요하다. 최소한의 사건 수임 횟수나 평균치를 안다면 당장 수임이 안 될 때도 기존 통계를 생각하며 여유를 가질 수 있고 일이 몰려 너무 힘들 때는 곧 후에 만나게 될 다른 사건을 생각하며 일을 거절하거나 다른 변호사에게 넘길 수도 있다. 물론 첫해에는 이러한 통계치를 구하기는 어려울 것이나 시간이 지나면 나아질거라는 마음으로 기다리면 차차 나아지곤 한다. 따라서 조급하게 마음먹고 미리 걱정하지 않길 당부한다.

또한 우리가 제공하는 법률 서비스는 재화 판매와 달리 서비스 공급자가 최상의 상태를 유지해야 동일한 수준의 서비스를 지속해서 제공할 수 있다. 욕심이 생겨 내 시간을 일로 꽉꽉 채운다며 금세 지쳐 기껏 찾아온 의뢰인이 불만족하는 경우가 생긴다. 마음에 안 드는 변호사에 대해 입소문을 내줄 의뢰인이 어디 있겠는가.

또한 당장의 수익을 위해 두고두고 정신적 스트레스를 가중할 사건 한 건은, 나중에 맡게 될 즐겁게 일할 수 있는 사건에 쓸 수 있는 에너지를 고갈하고 사람의 진을 빼놓을 수 있다. 따라서 사건을 가려 받아야 한다.

그럼에도 불구하고 일이 너무 많아진다면 시스템화를 생각해보거나 아웃소싱, 그리고 협업 관계를 구축해야 할 단계는 아닌지 고민이 필요한 시점이다. 사업의 규모를 늘려갈 것인지, 내가 컨트롤할 수 있는 범위 내로 제한할지는 1인 기업가가 언젠가 마주하게 될 문제이다. 이때 무조건 사업 규모를 늘린다면 처음에 생각했던 자유를 유지하기는 매우 어려울 수 있고 결국 전통적인 방식의 비즈니스로 전환되는 경우가 많다. 1인 기업, 자유롭고 유연한 사업을 하려면 그 원칙을 고수해야 한다. 그렇지 않으면 결국은 일반적인 업무 형태와 똑같아지고 만다.

제3부

성공적인 개업변호사로 성장하자

1인 변호사 안정적 수익구조를 만들기 위한 노하우

■ 비용을 최소화하자

나는 당시 마련해둔 개업 자금이 많지 않아 무엇보다 섣불리 개업했다가 잘못되는 건 아닌가 하는 두려움이 있었다. 따라서 나의 개업 원칙은 '어떻게 하면 더 벌까'보다는 '어떻게 하면 덜 쓰면서 유지할까'였다.

초기 개업 비용에 대해 일반적으로 생각하는 것은 사무실을 얻을 보증금과 최소 2~3달치 월세 및 관리비, 인터넷, 사무용 가구, 사무용품, 복사 용지, 기록 봉투, 도장, 막도장, 다양한 스탬프들, 컴퓨터, 복합기 등등일 것이다. 여기에 더해 전집, 정수기나 기타 물품이나 장식품도 생각해 볼 것이다.

위의 리스트에서 반드시 필요하지 않은 것들을 제거해보면 정말 최소한의 규모로 시작할 수 있다.

1) 보증금 및 포함 사항

나는 보증금이 한 달 임대료인 공유사무실을 이용하고 있다. 매월 임대료에 전기, 관리비, 수도, 인터넷, 복사 팩스기 사용료(300장 이상은 추가 비용), 정수기, 커피머신 사용료까지 포함되어 있다. 따라서 공유사무실에서 시작하면 비용을 최소로 줄일 수 있다.

2) 컴퓨터

나는 초기에는 작은 노트북을 그냥 사용했다. 처음에는 형사사건들이 대부분이라 종이 기록을 보며 서면을 작성하면 됐기 때문에 큰 화면이 필요 없었으나 개업 수개월 후에는 32인치 모니터와 본체 구입이라는 거금을 투자하게 되었다. 전자소송의 서면들을 읽기가 너무 불편해서 드디어 나의 수입을 큰 부담 없이 재투자하게 된 것이다. 이런 날이 1년이 지나지 않아 오게 되어 감개무량했다. 하지만 컴퓨터는 업무의 기본이므로 초기 투자도 괜찮을 것이라 본다.

3) 기록 용지, 기록 봉투

변호사들이 소송 기록을 넣고 다니는 노란색 봉투가 따로 있다. 변호사 사무실에 따라서는 그 봉투에 사무실 이름을 넣어 사무실용 봉투를 따로 만들기도 하고, 역시나 우편 봉투나 서류 봉투도 사무실 로고와 연락처가 들어간 봉투를 별도로 제작하기도 한다. 또한 법원에 내는 서류도 자신의 사무실 연락처와 로고가 찍힌 용지에 출력해서 제출하는 경우가 많다. 개업 초기에는 왠지 그런 것들만 눈에 들어오고, 그렇게 하지 않으면 내가 너무 없어 보일 것 같다는 생각이 들었다.

그래서 알아보니 그러한 기록 용지에 변호사 사무실 연락처를 출력하거나, 기록 봉투에 사무실 연락처를 동일하게 넣어 인쇄하려면 기본 주문량이 엄청났고 그 비용 자체만도 매우 커서 나에게는 개업 비용 관련 단일 품목 중에서는 제일 비싼 아이템이었다.

그래서 결국 별도로 인쇄하지 않았고 그냥 일반적인 A4 용지에 출력을 해서 서류를 제출하고, 사무실 봉투를 따로 만들지 않고, 우편을 보낼 경우에는 그냥 수기로 봉투에 주소를 적어 보낸다. 없어 보이기는 하나 실리를 추구한다면 나쁘지는 않은 선택이다.

4) 명함

대신 명함은 좋은 것으로 잘 디자인하는 것을 추천한다. 처음에 큰 생각 없이 제일 싼 명함을 제작했는데 내가 내 명함을 나눠드리면서도 부끄러운 기분이 들 정도의 값싼 얇은 종이로 만든 명함이었다. 반드시 명함이 어떤 재질인지 확인해보고 가격도 알아보고 제작하길 추천한다. 명함은 나의 첫인상을 좌우하고 내 얼굴을 대신하는 것이기 때문에 되도록 전문직으로 보이고, 깔끔한 디자인으로 제작하길 권한다.

개업 이후의 사무실 운영비용에 관하여 생각해볼 것은
- 사무실 운영비 (월세, 관리비, 전화비, 인터넷, 팩스 등 복합기 렌탈비용 등)
- 직원 비용 (직원 월급, 4대 보험료)
- 세무 비용 (기장, 부가세, 종소세 신고 등)
- 기타 사무실 운영비 (복사용지 등) 등이다.

사무실의 경우 기본적인 운영비를 줄이는 것이 매우 어렵다.

따라서 고정비를 줄이는 방법으로는

- 직원을 파트타임 아르바이트생으로 고용하는 방법 (이 경우에도 사무실 사무직원으로 등록하면 업무 처리에는 지장이 없다.)
- 세무기장을 온라인 세무서비스나 앱을 이용하여 비용을 절감하는 방법
- 팩스기계를 사용하는 대신 모바일 팩스를 사용하는 방법 (이 경우 어디서든 팩스 수발신 여부를 알 수 있어 편리하다.)
- 직원을 채용하는 대신 외부 업체를 활용하는 방식 (전화를 대신 받아주는 전화비서 서비스) 등을 고려해볼 수 있다.

■ **다양한 영역에 눈을 돌려보자**

1) 변호사의 기본적인 업무, 소송대리

변호사 수익 구조의 메인은 단연코 송무이다. 그렇지만 송무라는 것이 한 달에 몇 건씩 평균적으로 수임되는 것이 아니라 어떤 달에는 지나칠 정도로 사건이 많기도 하고, 어떤 달에는 한 건도 수임을 하지 못하고 지나갈 때가 있기 때문에 변호사의 수익 구조를 단지 송무에만 한정 짓기에는 사무실을 운영하는 데 있어 위험 요소가 너무 크다. 따라서 송무 외 다른 수익 구조를 창출해야 한다.

2) 기업 자문

보통 회사의 자문 계약을 체결하게 되면 고정적인 수익이 생기기 때문에 이를 목표로 영업을 하는 변호사도 상당수 있다. 그렇지만 나 같은 경우 우선 회사의 자문 계약을 뚫을 수 있는 인맥이 없었고, 법인이 아닌 개인 사무실의 위치에서 법인과 고정적 자문 계약을 한다는 것이 현실적으로 어렵게 느껴져 이 부분은 크게 욕심을 내지 않았다. 간혹 사무실에 사건을 의뢰하거나 자문을 부탁하는 회사가 2~3곳 정도 있는데, 이때도 어쩌다 한 건 정도일 뿐 고정적으로 사건을 의뢰하고 있지는 않다.

그러나 사내 변호사를 하다가 개업하는 경우이거나, 특정 분야의 기업법무에 관심을 가진 변호사라면 기업 자문 영역으로 눈을 돌려보는 것도 좋다.

정기적으로 자문 보수를 지급하는 고객사가 늘어날수록 매출을 안정적으로 유지할 수 있다.

3) 국선

국선 사건은 초기 개업변호사가 수행하기에 이점이 있다. 각 지방변호사회를 통해 각 지방법원/고등법원/대법원의 국선변호인을 신청하라는 공지가 오는데, 보통 신청 기간은 11월~12월 연말이며 이는 각 지방법원마다 차이가 있다. 그러한 공지를 받기 위해서는 미리 개업하여 지방변호사회에 팩스 번호를 알려주고 공지 팩스가 오는지 확인 후, 기간 내에 신청 해야 한다. 또한 선정되었다고 해서 바로 사건이 배당되지 않으므로 시간을 가지고 기다려야 한다.

　보통 신규 개업변호사에게 기회를 많이 주는 편이며, 내가 속한 지방법원의 경우 한 달에 많게는 7~8건까지도 배당이 된다.

　국선 사건의 장단점에 대해 설명하면, 장점은 사선으로 접하기 어려운 형사 사건을 다양하게 접해볼 수 있다는 점이다. 또한 항소심 국선 담당이 되면 1심 변호사의 의견서 등을 통해 대강의 쟁점이 정리된 상황이므로 검토하면서 공부가 될 수 있다. 다만, 국선 사건에 대한 수임료는 매우 소액이므로, 본 업무에 방해가 되지 않는 선에서 수임하고 운영하는 것이 좋다. 1건당 대체로 40만 원 정도의 보수에 비하여 피고인 상담, 접견, 기록 복사 및 검토, 재판 출석 등 수행해야 할 업무 부담이 있다. 특히 직원 없는 1인 변호사의 경우 기록 복사가 부담될 수 있다. 기록 복사를 위해서는 미리 기록 열람·복사실에 연락하여 기록 복사를 위한 일정을 잡고 해당 일자에 방문하여 열람 복사를 해야 하므로 바쁜 일정 가운데 소화하기 어려운 경우가 있다. 개업 초기(예, 2년 차)까지는 유지하되, 차차 줄여나가는 방식을 택하는 것도 괜찮다고 생각된다.

　때로는 국선 변호인으로 특정 부에 배정되었지만 사건이 배당되지 않는 경우도 있다. 이 경우에는 재판부에 연락하여 사건 배당을 요청하면 배당되기도 하니 참고하기 바란다.

4) 회의 참석 - 위원회 등

· **대한변호사협회, 서울변호사협회의 각종 분과 위원회의 경우**

기존 회원(변호사)의 추천으로 새로운 위원 선정이 이루어지는 경우가 많으므로, 관심 있는 분야의 회원 변호사에게 지속적인 연락과 관심을 표하는 노력이 필요하다.

· **공기업, 공단의 고충심의위원회, 징계심의위원회의 경우**

요즘 공기업, 공단에서 직장 내 직급, 세대 차이로 인해 소통이 잘 이루어지지 않아서 직장 내 괴롭힘, 성희롱 및 성추행 사례 등이 발생하기도 하여 사실관계 판단 및 징계 절차를 진행하는 경우가 많다. 이때 공기업, 공단은 각 위원회 진행에 해당 사례의 전문가인 변호사가 꼭 참석해야 한다고 생각하므로, 기존 직장 내 괴롭힘 강의를 하거나 이에 대한 활동이 있는 변호사에게 우선적으로 연락을 취한다. 따라서 공기업, 공단의 자문활동을 하거나 강의 활동을 꾸준히 한다면 먼저 연락을 받을 확률이 높고, 연락을 받았다면 최대한 공기업, 공단의 일정에 맞추는 노력이 필요하다. 대부분 공기업, 공단의 임원 및 당사자들 일정을 우선하여 진행하므로, 대체 가능한 위원들의 사정으로 일정이 변경되기는 어렵다. 그리고 위원회의 활동 전/후 해당 부서(주로 감사팀)의 실무자들이 사안 정리를 위해 연락이 오기도 하는데, 이를 잘 가이드해주면 다시 위원으로 위촉될 확률이 높다. 각 위원회의 위원 선정은 실제 실무자들이 정하고,

임원들이 형식적으로 결제하는 방식이 많기 때문이다.

참고로 사기업의 징계심의위원회의 경우, 외부 위원으로 변호사의 참석이 필요할 경우 정기적인 자문을 하는 노무사, 세무사 등의 추천으로 선정되는 경우가 많다. 따라서 다른 자격사들과의 정기적인 교류가 필요하다.

- **각 교육청 학교폭력대책심의위원회의 경우**

현재 학교폭력으로 의심되는 사안이 발생하면 학교별로 학교폭력위원회가 열리는 것이 아니라, 각 교육청의 해당 위원회에서 판단하고 징계를 내리게 되어 있다. 위원회의 외부 전문위원으로 교육청마다 3~4명 정도의 변호사를 선정한다. 2020년의 경우 변호사 선정이 각 지방변호사회의 추천, 학교 추천, 지역 추천 등으로 이루어졌는데, 서울지방변호사회의 추천 방식은 선착순 지원이었다. 따라서 학교의 명예 교사 활동을 열심히 하여 학교 추천으로 지원하거나 각 지방변호사회 모집 공고를 잘 챙긴다면 위원으로 선정될 기회가 생긴다.

- **학교 청문위원회의 경우**

학교의 경우 수의계약 체결이나 그 계약 해지와 관련된 청문절차 진행 등에 있어서 법적 도움이 필요한 경우가 많다. 각 지방변호사회에서는 각 학교의 명예 교사 활동을 공익 차원에서 지원하고 있는데, 명예 교사 활동을 꾸준히 할 경우 이에 대한 법적 자문을 구하고 소정의 비용을 지급하면서 변호사의 도움을 요청하여 청문 절차를 주재하기도 한다.

- **위원회 활동 팁**

위원회의 경우 활동비나 교통비를 많이 지급받지 못한다. 따라서 위원회의 활동을 단기간의 수익적인 면에서 접근해서는 시간 대비 오히려 노력이 많이 든다.

그러나 정기적인 자문이나 강의로 이어지는 경우가 많고, 경력상 위원회 활동이 도움이 된다. 그리고 위원회의 활동 중 다양한 사건 사례를 접하게 되고, 해당 사건의 프로세스를 알게 된다. 예를 들면 학교폭력대책심의위원회에서 위원으로 활동하는 것보다는 학교폭력 가해자 사건 자체를 수임하는 것이 더 큰 수익이 나온다. 그러나 각 위원들(교원 위원, 학부모 위원, 경찰이나 상담사 등 다른 전문가 위원 등)이 어떠한 생각, 시각으로 사건을 바라보는지, 처분의 수위를 어떠한 기준으로 결정하는지를 경험할 수 있는 기회는 위원회에서 활동하지 않으면 절대 알 수 없다. 또한 위원회에서 다양한 분야의 사람들을 만나게 되고, 소위 변호사의 전문 지식을 피력할 기회가 있어서 사건 수임에 도움이 된다(위원회에 참석했던 다른 위원의 개인 사건을 수임한 적도 있다).

따라서 위원회 활동은 장기적인 플랜을 가지고 우선 도전해보자.

해보다가 내 생각과 달리 전혀 커리어에 도움이 되지 않거나 내 본업에 지장을 준다면 그만두기도 쉽다(생각보다 각 위원회에 들어가고자 하는 대기자가 많다). 일단 문을 두드려야, 새로운 세계가 열리지 않겠는가. 도전해보자.

5) 등기 업무

흔히 등기 업무는 전형적인 '법무사'의 영역으로 여겨져, 의뢰인들은 변호사에게 등기 업무를 맡기려는 생각조차 하지 못하고, 심지어 가끔은 변호사는 등기 업무를 할 수 없다고 오해하는 분들도 계신다. 등기업무도 '부동산 등기', '상업 등기', '상속, 후견 등 가사 등기' 등 분야가 다양하다. 특히 '상업 등기'는 상법상 회사의 등기를 지칭하는 것으로, 회사와 거래하는 상대방이나 주주 등 이해관계자에게 회사의 일정한 주요 정보를 공개하도록 하는 공시 제도이다. 등기업무를 정해진 일정한 내용을 정해진 시기, 절차를 준수하여 관할 등기소에 신청하는 업무라고 생각하면 매우 간단하고 단순한 업무라고 생각할 수도 있지만, 생각보다 고려해야 할 사항이 많고 등기할 사항뿐 아니라 등기 신청을 위하여 작성해야 하는 서류(정관, 의사록 등), 절차(이사회, 주주총회 등) 진행도 그렇게 녹록지는 않다. 특히 별도의 법무팀이나 내부인력을 갖추고 있지 못한 소규모 회사의 경우에는 등기업무 전반에 대하여 조언이 필요한 경우가 많은 것이 현실이다.

상업 등기는 회사가 의뢰인이 되고, 회사의 자본에 관한 내용, 임원 변경 등 회사의 주요 사항에 관하여 등기를 하는 것이므로, 한 번 고객이 되면 통상 고정 고객이 될 가능성이 매우 높다. 따라서 변호사가 등기 업무를 하는 경우, 평소에는 등기 업무를 대리하지만, 법적 이슈가 발생할 경우 회사의 사업 내용, 내부 사정 전반을 잘 알고 있는 '그' 변호사에게 먼저 의뢰하게 될 것이다.

사실 등기 업무 보수 자체는 매우 적은 편이고, 법무사 시장에서 이미 보수가 낮아질 대로 낮게 형성되어 있어 '변호사'라는 이유만으로 높은 보수를 요구하기는 어렵다. 다만, 기존 법무사들이 잘 제공하지 않는 정관 검토 및 변경, 사내 규정 제정 또는 개정 등의 보다 심화된 서비스를 제공하거나, 법률 자문 서비스와 함께 일종의 패키지 서비스 형태로 제공한다면 변호사의 등기 업무 역시 차별화가 가능하다고 생각한다.

다만, 서울에 본점 소재지를 둔 회사의 상업 등기는 서울중앙등기국에서 전담하고 있으므로 관련 등기 신청은 모두 서울중앙등기국에 접수하여야 하고, 업무의 성격상 날인, 첨부서류, 날짜 등 세세하게 챙겨야 하는 부분이 많다 보니, 변호사가 직접 송무 등의 본연의 업무와 병행하는 것은 매우 어려울 수 있으므로 전담 직원을 채용할 것을 추천한다.

6) 내용증명 사건

· 내용증명 사건의 중요성

주위에서 내용증명을 가벼이 여기는 변호사를 꽤 보았다. 내용증명은 대필하는 업무 정도로 여기고 비용을 적게 받거나 허망하게 법무사 사무실로 보내버리기도 한다. 하지만 내용증명은 발송 후 변호사 하기에 따라 그 자체로도 중요한 분쟁 해결 절차가 될 수도 있고, 추후 민사나 형사 사건의 수임으로 이어지는 중요한 단계가 될 수도 있으므로, 1인 변호사라면 더욱 적극적으로 수임할 필요가 있다.

· 내용증명 사건의 수임

내용증명의 종류는 수없이 많지만 대부분 금전 청구와 관련되어 있다. 이 경우 단순히 대필해 주는 것으로만 끝나 버린다면 매우 아쉽다. 내용증명을 받는 상대방이 내용증명에 단련된 사람이 아니라면 변호사 사무실로부터 내용증명을 받았을때 생각보다 당황하는 경우가 많다. 이때 변호사가 중재를 한다면 생각보다 높은 확률로 분쟁이 해결되기도 한다. 때문에 금전 청구 관련 내용증명 사건은 대필을 넘어 채권 추심사건에 준한다고 생각하고 수임료를 적정하게 책정하여 수임한 후 의뢰인의 채권 회수에 적극 관여할 것을 추천한다. 물론 채권 회수에 따른 성공보수도 책정할 수 있다. 만약 이 단계에서 분쟁이 해결된다면 의뢰인과 상대방은 비용과 시간을 아껴서 좋고 변호사는 투입 시간 대비 높은 수익을 얻어서 좋다. 더하여 의뢰인에게 내용증명 이후의 절차를 안내하고, 추가적인 민·형사 분쟁 해결 절차로 나아갈 경우 내용증명 비용을 해당 절차의 수임료에서 공제하여 주겠다고 제안하면서 좋은 영업적 효과를 노릴 수도 있다.

간단한 내용증명 사건을 수임한 경우에도 정식 민사소송 위임계약서를 작성하는 것이 좋다. 그 과정에서 의뢰인은 분쟁의 해결에 있어 내용증명도 중요한 절차임을 인지하게 된다. 위임계약서 특약사항에 "내용증명은 수임인이 발송하고 비용도 수임인이 부담한다.", "추후 이 사건 관련 민사소송이나 형사소송 위임 시 이 사건 내용증명 비용을 산입한다." 등의 필요한 내용을 추가하도록 한다.

- **내용증명의 작성**

내용증명은 소장이나 고소장이 아니므로 표준 양식대로 최대한 예의를 갖추면서 촌철살인을 하는 것이 중요하다. 감정이 드러나지 않도록 무미건조하게 작성하되, 청구취지와 원인을 최대한 요약해서 법률 비전문가가 보아도 쉽게 알 수 있도록 일목요연하게 작성해야 한다. 분쟁의 빠른 해결을 위해 상대방에게 청구하는 법적 근거(조문, 판례 등)를 명확히 제시하고, 상대방이 받을 가능성이 있는 민·형사상 불이익을 적시하여 상대방에게 위기 의식을 갖게 하여야 한다.

- **내용증명의 발송**

　1인 변호사는 직접 내용증명 발송 업무를 해야 하므로 우체국에 헛걸음하지 않도록 유의해야 한다. 세부 절차는 우체국 홈페이지에 잘 설명되어 있으므로 특히 주의해야 할 사항 몇 가지만 적어보겠다. 먼저 내용증명에 발신자의 주소를 적고 그 밑에 '발신자의 대리인'의 주소를 동시에 적으면, 우체국에 따라서 발신자가 누구인지 다시 특정하여 오라고 돌려보내는 경우가 있다. 이 경우 의뢰인을 위임인으로 적고 발신자를 '위 위임인의 대리인 변호사 OOO'로 적으면 된다. 만약 내용이 같은데 수신자가 복수인 경우, 복수의 수신자 주소를 한 서면에 모두 쓰되, 봉투는 수신자 수만큼 만들어 가야 한다. 인터넷 우체국의 사업자회원의 경우 '범용 공용인증서'가 있어야 내용증명을 보낼 수 있다. 만약 범용 공용인증서가 없다면 개인회원이나 비회원으로 보내도 무방하다. 인터넷 우체국 파일 업로드는 대법원 전자소송 사이트와 유사한데, 이것저것 실험해본 결과 한글파일을 업로드 하는 것이 가장 변환 인식률이 좋았다. 인터넷 우체국 내용증명은 A4 크기 범위만을 인식하는데, 사이트에서 제시하는 가이드 보다 문서의 여백을 5mm씩 정도 크게 설정하는 것을 추천한다(위 25mm, 좌우 25mm, 아래 35mm). 입증서류가 있으면 그림파일로 스캔하여 한글파일 본문 마지막에 위 사이즈에 맞춰 넣는 것이 편하고, 변호사 인장은 이미지 파일로 불러와 '우클릭>본문과의 배치>글 뒤로'로 지정해서 삽입하면 된다. 인터넷 내용증명의 경우 오후 2시 이전에 접수하면 다음 날, 이후에 접수하면 이틀 후에 송달되므로 접수 시간을 잘 계산하여 작업해야 한다.

- **내용증명 발송 후 절차**

내용증명 발송 후 절차를 잘 처리하여야 변호사에 대한 신뢰도 향상과 다음 사건의 선임으로 이어지니 더욱 신경 써야 한다. 내용증명은 가능한 빨리 작성해서 의뢰인의 검토를 거친 후 지체 없이 발송한다. 발송 후에는 의뢰인에게 발송한 서류와 접수내역서를 보내주고, 송달상황을 수시로 체크해서 의뢰인에게 알려준다. 상대방에게 송달이 완료되면 하루 즈음 지난 후 상대방에게 전화를 걸어 내용증명 수령 여부를 확인하고 분쟁 중재 절차에 돌입한다. 분쟁 중재가 실패하면 의뢰인에게 신속히 다음 절차에 대해서 안내하고 선임을 위한 미팅을 제안하는 것이 좋다. 만약 내용증명이 반송 되면 일반적인 송달절차를 준용하여 반송 사유에 따라 재발송하거나 반송된 내용증명과 이해관계 사실 확인서를 제출하여 주민등록초본을 발급받아 주소정정 후 재발송한다. 만약 민법의 공시송달 요건이 충족되면 내용증명도 공시송달 할 수 있다.

7) 방송 출연

- **블로그 포스팅이 계기가 되어 방송활동을 시작하다.**

변호사는 40대가 되어도 어리다는 소리를 듣는다고 한다. 하지만 어린 나이가 오히려 강점이 될 수 있는 분야가 있는데 이는 방송활동이다. 경험에 의하면 방송에서는 어린 나이가 약점이 되지도 않고 여자 전문직에 대한 니즈도 상당하다.

필자의 경우 우연히 블로그를 보고 작가님이 연락을 하셔서 종편 방송의 인터뷰를 한 적이 있다. 나는 이 방송을 캡쳐해서 블로그와 홈페이지에 올려 두었고, 몇 달 뒤 이 캡쳐본을 본 다른 작가님이 다시 인터뷰 요청을 하였다. 이런 식으로 몇 달에 한 번씩 작은 인터뷰를 하다가, 생방송 뉴스의 패널을 하기도 하고 예능을 나가기도 하는 등 꾸준하게 방송을 하게 되었다. 물론 방송을 메이저급으로 잘 한다거나 많이 하는 것이 아니기 때문에 방송을 보고 날 찾아온다던가, 길을 가다가 알아본다든가 하는 일은 없지만 나를 찾아오는 의뢰인들이 방송 경력을 보고 신뢰를 쌓아가는 부분은 분명히 있다. 또한 얼마 되지는 않지만 방송을 출연함으로 인해 받게 되는 소득은 아르바이트 정도의 위안을 주기도 한다. 방송 출연을 어떻게 시작할 수 있는지 궁금하시다면 작가의 입장에서 한번 생각해보길 바란다. 작가들이 인터뷰 가능한 변호사를 어떻게 찾을까? 말을 잘 하는 변호사를 어떻게 찾을까? 나의 전문 분야에 대해 적극적으로 블로그, 브런치, 뉴스 기사 등을 통해 홍보를 하는 것이 좋다. 요즘은 유튜브를 통해 바로 그 변호사의 얼굴과 목소리, 전체적으로 풍기는 인상도 확인할 수 있다. 그런 매체를 통해 스스로를 홍보하면 결국 길이 열리지 않을까 생각한다.

· 동료 변호사 소개로 방송출연을 시작하다

필자의 경우에는 현재 법률방송TV 생방송 법률상담 프로그램에 고정출연하고 있다. 감사하게도 좋은 변호사님이 추천 해주신 덕분이었다. 이전에는 유튜브 캠페인으로 EBS의 프로그램에 참여한 경험과 주말드라마의 법률자문을 맡은 경우도 있었다.

의뢰인들은 방송에서 본 변호사에 대해 큰 신뢰를 갖는다. 변호사업은 무형의 지식 서비스를 제공하는 직업이므로 의뢰인으로부터 신뢰를 얻는 것이 무척 중요한데, 방송은 변호사에게 좋은 홍보수단이 된다. 사건 의뢰 상담을 할 때 방송하는 변호사님이 와서 상담해주는 것에 믿음이 가서 고액의 수임료를 마다하지 않고 선임한 적이 있다는 말씀을 하시는 것을 의뢰인으로부터 종종 들었.

자신의 인생에서 몇 번 경험하지 못할 큰일인 소송을 하면서 처음 본 변호사보다는 TV에서라도 자주 본 변호사에게 맡기게 되는 것은 인지상정일 것이다. 잘 알고 지냈거나 성실하게 일하는 것을 지켜봐온 변호사에게 일을 맡기게 되는 것과 비슷한 마음이다.

그렇지만 변호사가 방송을 하면 아무래도 시간을 뺏기게 되어 본업에 소홀해질 가능성이 있으므로 잘 조율해야 할 것이다.

그리고 방송을 보고 변호사에게 무작정 무료로 도와달라고 하며 찾아오거나, 그 변호사의 명예를 볼모로 협박하고, 사무실을 찾아가 소동을 부리는 의뢰인이 꽤 있다는 이야기도 전해들은 적이 있는데, 앞으로 방송활동을 꿈꾸는 변호사님이 있다면 이러한 경우를 겪더라도 정신건강을 잘 지켜내고 가치관의 중심을 잘 잡는 것이 중요하겠다.

8) 법률 강의
- **강연(강의)에 적극적으로 나서는 것이 좋다**

강의는 고정적으로 의뢰가 들어오는 것은 아니지만 연말이나 연초 등 기업에서 행사나 워크샵을 할 때 특강 요청이 오는 경우가 많고 법정의무교육인 성희롱 예방 교육이나 사회적으로 이슈가 되는 직장 내 괴롭힘 방지법 등에 대한 강의 요청이 들어오는 경우도 많다. 그리고 금융법 강의, 지적재산권법 강의 등 전문 분야에 대한 강의 요청이 들어오는 경우도 제법 많다. 강의는 방송에 비해 보수가 높은 편이며 강의를 통해 나를 홍보할 수 있으며, 전문성에 대한 신뢰도 쌓을 수 있으므로 매우 좋은 활동이다.

다만 강의는 강의를 한 이력이 없는 경우 섭외 대상이 되기에 다소 어려운 측면이 있다. 나는 강의 의뢰가 많이 오는데 내가 할 수 있는 역량이 되지 않아 거절한 경험도 매우 많다. 강사를 섭외하는 담당자 입장에서 강사가 강의를 잘 못 하면 자신의 책임이 되기 때문에 최대한 믿을 수 있는 이력을 가지고 있는 사람을 뽑으려고 하기 때문이다. 따라서 강의 수요는 많지만 실제로 강의를 하는 변호사님은 얼마 되지 않는 건 아닐까? 라는 생각도 하게 된다.

따라서 강의 기회를 원한다면 재능기부부터 시작하라고 하고 싶다. 한곳에서 강의를 잘하면 인연이 닿아 다른 곳에서 강의를 할 수 있다. 혹은 그곳에서 강의를 한 이력을 홍보하여 다른 곳에서 강의를 할 수 있게 되는 경우도 있으니까 말이다.

강의를 본격적으로 하고 싶다면 그 분야에 대한 책을 내는 것도 좋다. 책을 내게 되면 경우에 따라 출판사에서 책을 홍보하기 위해 강의를 할 수 있는 자리를 마련해주기도 한다. 그리고 시즌마다 회사에서 문제가 되는 이슈가 있을 수 있는데 그런 것들을 미리 공부하여 인터넷에 게시를 하면 먼저 섭외 문의가 올 수도 있다. 예를 들어 직장 내 괴롭힘 방지법 시행 직전과 직후에는 직장 내 괴롭힘 방지에 대한 수요가 많았다. 그런 부분들을 공부해 두면 좋다.

・ **사내 변호사로 활동하면서 강의를 한 경험을 살려보자**

사내 변호사로 일할 때부터 필자는 저작권 침해 예방교육이나 개인정보관리실무교육, Compliance 준수 교육 등 직원들을 대상으로 하는 다양한 법률 교육에 참여한 바 있다. 실제로 회사에서도 많은 소송 혹은 분쟁이 직원들이 법률을 제대로 숙지하지 못하거나 혹은 불법이라는 사실을 인지하지 못해 일어나곤 한다. 학생 때 수업용으로 제공받은 소프트웨어를 취직 후 회사에 들고 와서 사용하는 경우 명백히 저작권 위반이 되나 이와 같은 행동이 불법임을 인지하지 못하고 해당 소프트웨어를 사용해 회사 업무를 수행한 경우 이는 해당 직원의 형사처벌은 물론이거니와 회사 입장에서 막대한 배상

책임을 물을 수도 있는 중대한 사안이 될 수 있다. 하지만 이런 사례들의 경우 사전에 법률 교육을 통해 충분히 예방할 수 있는 사안이다. 이런 강의 경험 및 구체적인 강의의 순기능을 적극적으로 블로그, 홈페이지 등에 홍보하다 보면 검색 등을 통해 강의 섭외로 이어지게 되고 특정 분야의 강의 경력을 쌓아나갈 수 있다.

· **법률 강의는 이해하기 쉽게 구성하자**

일반인 상대 법률 교육에서 중요한 부분은 우선 실생활에 밀접한 내용을 주제로 잡아야 한다는 점이다. 실제로 많은 사람들이 변호사를 이미 소송이 제기되거나 다른 해결 방법을 찾아 볼 수 없는 상태로 문제가 악화된 후에야 찾아오곤 한다. 뻔한 사기 수법임에도 불구하고 돈을 맡긴다거나, 등기부등본을 제대로 보지 못해 보증금을 날리게 된다거나, 정당하게 요구할 수 있었던 재산 분할임에도 요구하지 못하고 이혼 도장을 찍었다거나 등, 기초적인 내용의 법률 지식을 미처 알지 못해 자신의 권리를 행사하지 못하는 경우는 우리 주변에 너무도 많다. 등기부등본 보는 법과 같은 기초적인 내용이라도 이는 실제 전세, 월세 계약에서 필수적인 부분인 만큼 이런 부분을 다루는 법률 강의는 많은 분들이 호평을 해주게 된다. 또한 얼마 전 큰 관심을 끌었던 '부부의 세계' 속 가사 문제를 살펴 보며 이혼, 위자료, 재산 분할과 같은 개념을 설명한 강의도 생활에 밀접한 주제이니만큼 반응이 좋았다.

또한 실생활에 밀접한 주제만큼이나 법률 교육에서 중요한 부분은 주요 내용을 쉽게 전달하는 데 포인트를 둬야 한다는 점이다. 냉정하게 말해 법률 조문은 변호사들이나 궁금하지 강의를 듣는 분들에게는 해당 내용이 법률 몇 조에 있다는 것보다는 그래서 어떤 부분을 유념해야 하는지, 무얼 확인해야 하는지를 아는 게 훨씬 중요하다. 따라서 조문을 설명하는 데 강의 시간을 할애하기보다는 내용을 쉽게 전달하는 데 초점을 맞추는 게 가장 중요할 것 같다.

요즘은 문화센터, 주민센터, 대학 등 변호사 법률 강의를 원하는 곳이 다양하게 존재하며 특히 온라인으로 법률 교육 콘텐츠를 기획하고자 하는 곳들이 많기 때문에 실생활과 밀접한 강의 주제를 잡아 강의안을 만들고 준비한다면 다양한 강연 기회를 만날 수 있을 것이라 생각한다.

9) 기타

요즘 전문직들의 유튜브도 대세이다. 그러나 유튜브를 변호사의 수익 창출을 위해 시작한다고 생각한다면 반대이다. 유튜브 동영상을 촬영하기 위한 기획, 촬영, 편집에는 상당한 노력과 시간이 소요된다. 그런데 그와 같은 동영상을 몇천 명이 봐 주더라도 광고 수익은 거의 나오지 않는다. 실제로 유튜브를 통해 수익을 창출하고 계신 변호사님을 뵌 적이 있는데 본업이 유튜버라고 할 정도로 유튜브에 많은 노력을 기울이고 있었다. 유튜브를 나를 알리는 홍보 수단으로 활용하는 것은 찬성이지만 단순히 돈만 보고 생각한다면 큰 낭패를 볼 수도 있다.

그 외에 자잘하게 수입원이 될 수 있는 것은 수사기관에서의 무료법률상담 지원(일반적으로 시간당 3만 원 정도의 보수가 지급된다), 지방자치단체에서 주최하는 회의 참석(이러한 회의에 참석할 위원들은 변호사 협회에서 각 변호사에게 팩스를 보내는 방식으로 의사를 묻는다. 신청한다고 해서 모든 위원회에 선정되는 것은 아니므로 되도록 많은 위원회에 지원해보는 것도 선정 가능성을 높이는 방법이다) 등이 가능하다.

또는 워크인 또는 예약 손님들의 법률 상담이다. 대체로 시간당 5~10만 원(부가세 별도)의 상담료를 받고 상담을 진행하는 경우가 많다. 법률 상담을 진행하는 방식은 변호사마다 여러 가지 경우가 있겠지만 대체로 무료 법률 상담은 추천하지 않는다. 무료 법률 상담을 원하는 경우 이후 수임으로 이루어지기도 어렵고 변호사 쇼핑을 하는 의뢰인에게 시간만 빼앗기는 경우들이 있기 때문이다. 오히려 유료 상담으로 정해놓고 상담 후 사정을 보아 비용을 깎아주거나 무료로 진행하는 것이 훨씬 나은 방법이 될 수 있다.

번외 - 개업 1년 차 생존하기

■ 사업 초기의 목표 : 우선은 살아남자

초기에 중요한 것은 고정 지출을 줄이고, 반대로 일정한 고정 수입을 만드는 일이다. 나는 고정 지출을 줄이는 방법으로 보증금이 없는 공유사무실을 사용하기 시작했고, 공유사무실 집기를 사용해서 가구, 정수기 복사기 등등 모든 부대비용을 지출하지 않았다.

고정수입을 만드는 방식으로는 정기적인 강의(지인 소개)를 하거나 국선 사건을 담당하는 방법, 그리고 자문료라든지 부정기적인 법률상담과 소송구조 사건 수행 등이 있다. 그리고 고정 수입을 위해 투입하는 시간은 적게, 그리고 업무 일정은 미리 확정될 수 있는 것들로 고정적 수입이 가능한 업무를 선택하는 것이 중요하다. 그래야 다른 새로운 업무를 유동적으로 추가할 수 있기 때문이다. 또한 단순히 사건 수임만을 위해 노력하기보다는 내가 할 수 있는 일, 내가 필요할 만한 곳에 연락하고 먼저 다가서는 것도 중요한 시도라고 생각한다.

■ 원하는 바를 고민해보자

1) 내가 개업변호사로 진정 원하는 것은 무엇인가

예를 들어 ① 일정한 고정수입인가, ② 짧은 근무시간과 여가인가, ③ 내가 흥미를 가지고 하고 싶은 일을 찾기인가를 먼저 정해야 한다.

2) 그렇다면, 그걸 가능하게 하는 방법은 무엇인가

만일, 일정한 고정수입을 원한다면 취직 또는 일정한 수입을 올릴 수 있는 사업 등을 시도한다. 이때 사업을 하며 일정한 수입을 내기 위해서는 일정 트래픽이 내 비지니스를 접하도록 하고 그중에 특정 비율로 내 비지니스를 선택하도록 하면 된다. 즉 나를 선택할 확률이 높은 집단을 대상으로 홍보를 한다면 작은 크기의 집단을 타겟팅해도 되지만 나를 선택할 확률이 낮은 부류를 홍보 대상으로 잡는다면 그 크기를 늘려야 한다. 따라서 누가 내 서비스에 관심이 있고 나를 택하려 할지 스스로 고민해봐야 한다. 또한 나의 광고를 보고 찾아온 사람과 효과적인 커뮤니케이션을 해서 선임으로 이루어지도록 해야 한다.

한편, 짧은 근무시간과 여가를 원한다면?

근무시간이 유연한 직장 또는 사업이라는 세팅에서 근무시간을 줄이기 위한 나만의 세팅을 만든다. 이때 업무 효율성 강화를 위한 자신만의 루틴만들기와 직장의 업무처리 방식이 문제 된다.

마지막으로, 내가 원하는 일만 하고 싶다면?

이 경우는 내가 원하는 일들은 나에게 더 오도록 하고 내가 피하고 싶은 일은 나에게 덜 오도록 하면 된다. 즉, 원하지도 않는 이혼 사건을 한다고 광고를 한다면 본인이 스스로 원치 않는 일들을 초래하는 셈이 된다. 따라서 광고를 시작할 때는 늘 조심해야 한다. 내가 원하는 일이 나를 찾아올 것인지, 내가 원치 않는 일들이 나를 찾아와 괴롭힐 것인지… 내가 결정할 수 있는 방법은 내가 먼저 적절한 메시지를 던지는 것이다. 내가 원하는 종류의 사람들이 나에게 더 오도록 유도하는 홍보문구를 쓸 수도 있고 내가 원치 않는 종류의 일은 과감히 잘라내거나 애초에 내 서비스 메뉴에 두지 않는 방식으로 사전에 거절할 수 있다.

▌성공적인 1인 변호사 홍보 마케팅 전략

변호사 시장이 포화상태라고 한다. 이에 따라 마케팅의 중요성은 점점 더 커지고 있으며, 마케팅 관련 예산도 점점 늘어나는 추세이다. 대형 로펌들의 경우 온라인 마케팅에 지출하는 비용만 해도 천 단위가 넘어간다고 한다.

반면, 마케팅을 담당하는 직원을 고용하거나 외부 전문가나 업체에게 마케팅을 의뢰하는 로펌들과 달리, 1인 변호사 혹은 개업변호사는 변호사 업무뿐 아니라 홍보도 스스로 해야 하는 경우가 대부분이다. 특히 개업 초기, 이런저런 고정비가 신경 쓰이는 와중에 마케팅을 위해 외부 업체와 계약하여 비용을 지출하기는 쉽지 않다.

이런 조건을 염두에 두고, 1인 변호사들이 최대한 적은 시간과 노력을 들여 최대한 많은 성과를 얻을 수 있는 마케팅 비법을 소개하고자 한다. 대규모 물량이 투여되는 거대 로펌 마케팅의 틈바구니에서, 나에게 가장 맞는 고객들을 만날 수 있는 방법을 알아보자.

■ 마케팅 전략을 위한 사전 단계 – 비즈니스 플래닝

- 미션 / 비전 / 가치 설정
- SWOT 분석을 통한 내 비즈니스 점검
- 비지니스 목표 / 타겟 마켓 설정

홍보를 해야 의뢰인을 만날 수 있고, 개인의 브랜드 가치를 높여서 강의 등 송무 이외의 수입 구조를 만들 수 있다. 그런데 홍보는 어떻게 시작해야 할까? 어떤 마케팅을 하든 가장 기본적으로 수립해야 하는 것은 마케팅 전략이다. 그리고 탄탄하고 정확한 전략 수립을 위해서는 우선, 비즈니스 플래닝이 잘 되어 있어야 한다.

소규모 비즈니스, 특히 1인 변호사의 경우처럼, 본인이 브랜드이자 전문가이며 경영자인 경우, 내 사업을 잘 알고 있다고 생각하기 쉽다. 그러나 의외로 조금만 객관적인 위치에서, 특히 시장을 기준으로 들여다보면, 비즈니스 플랜 자체가 뚜렷하지 않았다는 것을 알 수 있다. 기존 조직에 염증을 느껴서, 자유롭고 싶어서, 내가 하고 싶은 일을 하고 싶어서… 개업을 하는 변호사들의 이유는 다양하지만, 공통적으로 중요한 점이 있다. 시장에서의 자신의 위치와 장단점을 분명히 파악하고 목표와 타겟 마켓을 설정하는 것이다. 사실, 이는 모든 사업가들이 가져야 할 기본 목표이기도 하다. 변호사인 동시에 사업가로서의 역할도 해야 하는 이상, 선명한 비즈니스 플랜을 가져가는 것부터 시작해보자. 너무 당연한 이야기라고 생각하기 쉽지만, 잠시 시간을 내서 집중해보자. 복잡했던 머릿속이 환해지고, 이후 마케팅 방향 설정에 있어서 큰 도움을 받을 수 있을 것이다.

1) 미션 / 비전 / 가치 설정

기본적으로 내가, 혹은 우리 법률사무소가 가지고 있는 지향들을 문자화해보자. 마케팅뿐 아니라, 전체 비즈니스 운영에 필요한 기초 방향 설정 과정이다.

- 미션 (Mission) : 목적, 운영 철학, 가치관, 행동 방침
- 비전 (Vision) : 미션에 입각한 보다 구체적인 목표. 미래의 모습, 중장기적 이미지
- 가치 (Values) : 비전 달성을 위한 핵심 가치. 행동 원칙 등

이 고민의 내용이 비단 사업을 성장시키는 방향으로만 진행되지 않을 수도 있다. 가족이나 나 자신을 위한 시간을 충분히 누릴 수 있는 시간적 자유를 획득하는 것이 우선순위라면, 그에 적합한 비전과 가치를, 공동체에 기여하는 것을 목표로 한다면 그를 위한 비전과 가치를 생각할 수도 있을 것이다.

2) SWOT 분석을 통한 내 비즈니스 점검

근본적인 가치와 목표에 대한 점검이 끝났으면, 자신의 상태와 조건을 객관적으로 한번 살펴보자. SWOT 분석은 내외부의 상황을 파악하고 이를 활용·극복할 수 있는 전략을 구상하기 위한 것이다.

- S (STRENGTHS) – 강점 (내부 요인)
- W (WEAKNESSES) – 약점 (내부 요인)
- O (OPPORTUNITIES) – 기회 (외부 요인)
- T (THREATS) – 위협 (외부 요인)

여기서 중요한 것은, 내부(변호사나 사무실) 요인과 외부(시장) 요인을 명확하게 구분하는 것이다. 쉽게 이해가 되지 않는다면 유명한 글로벌 기업들에 대한 SWOT 분석을 해놓은 사례를 참고해보는 것도 좋다. (http://bit.ly/SWOTexamples)

예를 들어, 지금 막 서초 이외의 지역에 1인 변호사 사무실을 개업한 변호사 A의 경우를 생각해보자.

강점은 젊음, 영어 상담 가능, 트렌드에 민감한 점
약점은 송무 경험 부족, 네트워크의 한계, 사무실 위치 및 인지도 부족
기회는 디지털 성범죄 등 법률서비스가 필요한 새로운 영역의 등장, SNS와 디지털 마케팅의 영향력 확대로 인한 온라인 홍보 및 상담을 통한 수임 가능성
위협은 변호사 시장의 포화 상태

등으로 정리할 수 있다.

이렇게 단순한 항목에 따라 정리를 해보는 것만으로도 자신의 장단점과 외부적 요인을 보다 명확하게 파악할 수 있다. 더 나아가, 분석한 SWOT을 토대로 전략에 대한 고민을 시작할 수 있다. SWOT 분석을 통한 전략은 크게 네 가지로 나뉜다. 우선, SO(강점-기회) 전략으로 외부적인 기회를 살리기 위해 강점을 활용하는 전략, 두번째는 ST(강점-위협) 전략으로 외부의 위협요인을 피하거나 영향을 적게 받기 위해 강점을 활용하는 것이다. 세번째는 약점

을 극복하여 시장의 기회를 활용하는 WO(약점-기회) 전략, 마지막은 WT(약점-위협) 전략으로, 위협을 피하고 약점을 최소화하기 위한 전략을 구상하는 것이다. 어떤 전략을 선택할지는 자신의 조건과 원하는 방향에 따라 결정하면 된다. 비즈니스 전략의 큰 방향이 결정되면 마케팅 방향 역시 선명해질 수 있다.

3) 사업 목표 / 타겟 마켓 설정

다음으로 중요한 것은 사업의 목표와 타겟 마켓을 설정하는 것이다. 처음 이야기했던 비전이나 가치와는 달리, 조금 구체적으로 내 사업의 목표를 설정할 필요가 있다. 특히 1인 기업으로 변호사 사무실을 운영하는 경우에는 일반적인 비즈니스와는 조금 다른 목표가 있을 수도 있다. "** 지역에서 가장 유명한 변호사 사무실"이 목표일 수도 있지만, "스타트업 전문 변호사로 스타트업 기업들 사이에서 널리 알려진 변호사가 되는 것", "한국 거주 외국인 상담 전문으로 매달 *건 이상의 외국인 유료 상담을 진행하는 것" 등 다양할 수 있다.

중요한 것은 최대한 구체적으로 목표를 설정하는 것이다. 그리고 이를 토대로 나의 타겟 마켓을 설정할 수 있다. 목표에 따라서는 불특정 다수를 대상으로 한 마케팅이 필요할 수도, 특정 커뮤니티를 상대로 한 집중적인 마케팅이 필요할 수도 있기 때문이다.

물론, 목표를 설정하는 것이 쉬운 일은 아니다. 한쪽에 집중하다 보면 다른 한쪽을 놓치는 것이 아닌가 불안하기도 하고, 아직 내가 잘 할 수 있는 분야나 잘 될 것 같은 분야를 확실히 인지하지 못하고 있을 수도 있다. 이럴 때는 다시 한번 처음 언급했던 미션/비전/가치, 그리고 SWOT 분석의 결과를 떠올려보자. 목표 설정의 유용한 기준점이 될 수 있을 것이다.

■ 마케팅 전략

- 타겟 마켓 설정하기 - 바이어 페르소나
- 마케팅 전략 - 어떤 콘텐츠를 생산할 것인가?
- 마케팅 전략 - 어떤 플랫폼을 활용할 것인가?

1) 타겟 마켓 설정하기 - 바이어 페르소나

마케팅 전략은 타겟 마켓을 설정하는 것에서 시작된다고 해도 과언이 아니다. 어떤 사람이 나의 고객이 될 것인가? 나의 마케팅을 위한 노력들은 누구에서 주로 도달해야 하는가? 이 질문에 적절하고 구체적으로 답변할 수 있을수록 효과적인 마케팅이 가능하다. 이를 위해서, 마케팅 이론에서는 '바이어 페르소나 (buyer persona)'를 통해 나의 고객을 최대한 구체화된 개인으로 만들어보라고 한다. 구매자 페르소나는 나이, 성별, 사는 지역, 직업, 가족 형태 등 인구통계학적 측면을 포함하고, 당면 과제, 당면 과제 해결을 위해 가장 시간을 많이 보내는 온라인/오프라인 장소, 관심사와 취미, 동기 부여의 지점 등이 구체화된 인물로, 나의 고객을 대표하는 가상의 존재이다. 마케팅 콘텐츠를 만들 때 콘텐츠의 구체적인 청자인 소비계층을 설정하면 보다 효과적인 마케팅이 가능하다.

- **바이어 페르소나 관련 자세한 내용은 http://bit.ly/qsforpersona 참고**

예를 들어, 이혼소송을 주로 하는 변호사의 바이어 페르소나를 이혼을 원하는 40대 전업주부로 설정해보자. 구체적인 예시는 다음과 같다.

이름 : ***
나이 : 40~49세
성별 : 여성
사는 곳 : 경기도 부천
가족관계 : 남편, 10대 자녀 2
당면 문제 : 이혼 소송 준비 중. 재산분할, 친권 및 양육권 문제 등
오프라인 활동 공간 : 집, 친구 모임
온라인 활동 공간 : 네이버 카페, 카카오톡 단톡방, 페이스북 등
관심사와 취미 : 자녀 교육문제, 식물재배 등

이렇게 구체적으로 인물을 상정하면, 이 고객을 만나기 위해 온/오프라인에서 어떤 공간에 가야 할지, 어떤 소재나 주체로 콘텐츠를 만들어야 할지 등 구체적인 기획을 할 수 있는 것이다.

그런데 일상 생활이나 라이프 사이클의 어느 한 시기에 주로 소비되는 일반 제품이나 서비스들과 달리, 법률 서비스의 경우 페르소나를 확정하기 어려울 수도 있다. 이럴 때에는 나의 기존 플랫폼들의 주요 오디언스를 살펴보는 것도 도움이 된다. 기존에 홍보용으로 쓰고 있던 플랫폼(블로그, 페이스북, 유튜브 등)에서는 나의 콘텐츠를 보는 사람에 대한 인구 통계학적 정보를 찾아볼 수 있다. 지금 나의 콘텐츠들을 보고 있는 사람들이 내가 설정한 타겟 마켓의 성격과 어느 정도 맞아떨어지고 있다면 괜찮은 상황이다. 이 정보를 토대로 보다 구체적인 바이어 페르소나를 만들어보자. 현재 나의 콘텐츠 독자들이 타겟 마켓과 차이가 있다면, 당장 변화가 필요하다. 가장 좋은 것은 타겟팅을 조절하는 것이다. 타겟 마켓과 일치하는 바이어 페르소나를 만들어서 그 사람에게 이야기하는 것이라 생각하고 마케팅 전략을 가져가면 된다. 반대로, 도저히 그렇게 안되겠다, 기존에 하던 대로 하는 것이 최선이다, 라고 생각한다면 마켓을 주요 독자층으로 조절하는 것이 가능할지 생각해봐야 할 것이다. 나의 주요 독자층, 팬층에서 구매할 수 있는 나의 상품/서비스에는 어떤 것이 있을지 찾아보는 것이다.

2) 마케팅 전략 - 어떤 콘텐츠를 생산할 것인가?

변호사이자 대표이자 마케터인 1인 변호사들은 대부분 스스로 생산한 콘텐츠로 마케팅을 하게 된다. 그렇다면, 어떤 콘텐츠를 생산해야 마케팅에 도움이 될까?

앞선 '비즈니스 플래닝'의 과정을 통해 사업의 목표와 타켓 마켓 설정을 했다면, 이 질문에 대한 답을 쉽게 도출할 수 있다. 내 목표에 따른 타켓 마켓이 필요로 하는, 그들이 찾아볼 만한 콘텐츠를 만드는 것이다. 바로 앞에서 설명한 바이어 페르소나는 이런 고민을 구체화하는 데 도움이 될 수 있다. 그 페르소나가 읽을 글, 볼 이미지나 영상을 생산한다고 생각하면 쉽다.

- **고객에게 필요한 글, 고객이 신뢰를 할 수 있는 글을 쓰자**

지금 변호사가 필요한 일을 겪고 있는 고객에게 어떤 글이 필요할지부터 생각을 해보자. 대부분의 고객들은 앞이 막막하고 어디서부터 어떻게 풀어나가며 과정이 어떻게 될지부터 고민을 하게 될 것이다. 소송을 제기해야 하는지, 소송절차는 어떻게 진행되는지, 소송비용은 얼마나 되는지 등 대강의 아웃라인만 제공해 주어도 고객에게는 큰 도움이 될 수 있다.

또한 고객이 당면한 문제에 대하여 변호사가 전문적인 지식과 다양한 경험, 특히 비슷한 사건에서 승소 경험이 있다면 신뢰를 줄 수 있을 것이다.

물론 이런 정보를 제공하는 것이 항상 수임으로 연결되리라는 보장은 없다. 그러나 콘텐츠는 쌓아놓으면 언젠가는 힘을 발휘하는 법. 여기저기 상담을 받아보다가도 다시 생각날 수도 있고, 언젠가 다른 일이 생기거나 지인들이 조언을 구할 때 추천을 해줄 수도 있는 법이다. 아주 작게는, 웹사이트나 블로그 노출도를 올리는 면에서도 도움이 될 것이다.

- **키워드가 중요하다.**

타겟 마켓에게 접근하기 위해 필요한 콘텐츠의 주제와 소재들을 한번 생각해보자. 그리고 키워드를 생각해보자. 사실 키워드는 온라인 마케팅에 있어서 가장 중요한 것 중 하나이다. 나의 목표와 타겟 마켓에 맞는 키워드들을 여러 개 뽑아놓고 조금씩 변형하면서 플랫폼별로 활용할 수 있어야 한다. 홈페이지가 있다면 검색엔진 최적화, 블로그를 쓸 때는 제목에 활용하기, 인스타그램이나 트위터에서는 해시태그 사용 등을 통해 해당 키워드에 대한 노출도를 높이는 것이다. 이를 통해 나의 의뢰인이 될 수 있는 사람들이 무언가를 검색했을 때, 내가 눈에 띄게 만드는 것. 이게 출발점이다. 키워드의 경쟁률에 대한 판단도 필요하다. 사람들이 많이 찾는 대표적인 검색어의 경우 찾는 사람도 많지만 그만큼 해당 키워드를 사용하여 마케팅을 하는 사람도 많다. 큰 비용을 써가며 대대적인 마케팅을 하는 로펌들과의 경쟁에서 밀릴 수밖에 없는 것이다.

예를 들어, '이혼변호사'라는 키워드의 경우, 네이버에서 검색을 해보면 블로그 글은 보이지 않을 정도로 각종 광고와 유료 광고를 진행한 분들의 검색결과만 볼 수 있는 상황이다. 검색량은 총 조회수 5,270건, 문서 수 531,791개. 반면 '인천이혼변호사'를 키워드로 검색할 경우, 총 조회수 1,340건, 문서 수 21,660개로 여전히 광고가 많긴 하지만 상대적으로는 적어서 그나마 블로그 글도 노출이 되고 있다는 것을 확인할 수 있다. 상대적으로 검색량이 덜하지만 문서 수도 적고 유료 광고를 하지 않아도 상위노출이 될 가능성이 있는 키워드를 선택하는 편이 현명한 판단일 수 있다.

블로그 키워드 관련 정보는 키워드 마스터를 참고했다(http://whereispost.com/keyword/).

나에게 맞는 키워드를 찾았다고 해서, 제목에 그 키워드만 반복하는 것은 좋지 않다. 대부분 하나의 블로그에서 해당 키워드가 맞아떨어져서 제대로 노출수가 나오는 포스트는 하나, 운 좋으면 두 개 정도이다. 매번 같은 키워드를 사용하면 내 포스트끼리 경쟁을 하는 결과를 초래할 뿐이다. 관련 글이라면 포스트 내에 링크를 넣어 연결시켜서 함께 노출하는 방법을 사용하자. 다양한 키워드를 시기별로 활용할 수 있도록 해보자.

3) 마케팅 전략 - 어떤 플랫폼을 활용할 것인가?

마케팅에 활용할 수 있는 플랫폼은 크게 세 가지로 생각할 수 있다.

1. 내용이 있는 주요 콘텐츠를 발행하고 아카이빙하는 플랫폼
2. 만들어진 콘텐츠를 퍼트리고 팬들을 모으는 플랫폼
3. 고객과 소통하기 위한 플랫폼

- **콘텐츠 발행 - 블로그, 홈페이지**

콘텐츠를 발행하고 아카이빙하기 위해서는 긴 글과 이미지/동영상을 게시하기 적당하며 검색에 잘 노출되는 플랫폼이 유리하다. 때문에 주로 블로그를 활용하는 경우가 많다. 네이버 블로그의 경우 한국 사람들이 가장 많이 쓰는 검색엔진인 네이버에서 검색될 확률이 가장 높으며, 블로그 자체의 여러 기능들 덕분에 편리하게 사용할 수 있다는 장점이 있다. 반면, 정식 홈페이지가 아니라는 점이 일부 고객들에게는 지나치게 캐주얼하다거나 규모나 신뢰도 면에서 떨어진다는 인상을 줄 가능성도 있다.

홈페이지의 경우 이런 단점을 피할 수 있고, 보다 규모 있게 내가 강조하고 싶은 내용들을 중심으로 꾸밀 수 있다는 장점이 있다. 그러나 네이버 검색 상위 노출이 블로그보다 쉽지 않으며, 검색엔진 최적화를 위한 별도의 노력이 필요하다. 또한 홈페이지 구축에 비용이 든다는 점도 부담이 될 수 있다. 그러나 최근에는 전문가가 아니

어도 무료로 일정 수준의 홈페이지를 만들고 도메인도 무료로 사용할 수 있게 해주는 서비스들이 여럿 있다. 시간과 노력을 조금 투자하여 대문이자 여러 플랫폼을 아우르는 포털 개념의 웹사이트를 만드는 것도 방법이 될 수 있다.

무료 웹사이트 제작 플랫폼에는 여러가지가 있지만,
전세계적으로 가장 널리 사용되고 있는 사이트는 WIX이다.
한국어 버전도 있어서 사용이 편리하다(https://ko.wix.com/).

- 확산과 팬 모으기 – SNS (페이스북, 인스타그램, 트위터, 카카오스토리 등)

내가 발행한 콘텐츠를 더 많은 사람이 볼 수 있게 하기 위해서는 별도의 노력이 필요하다. 검색을 통한 노출이나 이웃 방문을 통한 조회수는 기본일 뿐이다. 블로그에만 안주해서는 안 된다. SNS를 통해 더 많은 사람들에게 노출될 수 있도록 해보자. 블로그에 올린 콘텐츠의 링크를 걸어 더 많은 사람들이 블로그를 방문하도록 전환을 유도할 수도 있고, 같은 내용을 SNS에 맞는 형식으로 다듬어서 새로운 포스트들을 발행할 수도 있을 것이다. 어떤 플랫폼이든 더 많은 노출을 통해 수임으로 연결되는 것이 목표임을 잊지 말자.

SNS는 검색이 아닌 타임라인 기반으로 보여지기 때문에, 많은 불특정 다수의 사람에게 나의 콘텐츠를 노출하기에 쉽다. 특히, 관심사 등을 기반으로 엮인 네트워크와 알고리즘을 통해 나와 비슷한 관심사, 내가 타겟팅한 주제들에 관심을 가진 사람들을 만날 가능성이 아주 높다. 물론, 팔로우 기반으로 이루어지기 때문에 팔로워나 팬들이 많지 않다면 노출 가능성이 전혀 없는 플랫폼이기도 하다. 때문에, SNS에서 성공적으로 많은 사람들을 만나기 위해서는 몇 가지 전제가 필요하다.

- 사람이 많은 곳으로 찾아가기 : 페이스북 그룹, 페이스북 공유, 영향력 있는 트윗에 대한 리트윗 (RT) 등.
- 효과적인 해시태그 활용 : 요즘은 SNS를 통해 검색을 하는 사람들이 점점 더 많아지고 있다. 적절한 해시태그 활용을 통해 사람들이 원하는 정보를 검색할 때 나의 게시물을 만날 수 있도록 하자.
- 궁극적으로는 나의 SNS 계정을 키워서 영향력 있는 계정으로 만드는 것이 중요하다. 대중적으로 넘치는 인기를 끌지는 않더라도, 전문성을 인정받고 타겟 마켓에 가까운 사람들이 팔로우하고 있다면 마케팅 측면에서 좋은 계정이라고 할 수 있다.

개인적으로는, 개인 계정과 브랜드 혹은 사무실의 계정은 분리하는 것이 좋다고 생각한다. 개인 계정과 업무 계정이 중복되게 되면 개인 계정에서는 알게 모르게 자기 검열이 일어나는 등 자유로움에 제약을 받을 수 있고, 업무 계정에서는 전문성이 떨어져 보일 수 있다고 생각하기 때문이다. 물론, 변호사 개인 브랜딩을 통해 인플루언서로서 성장하는 것을 목표로 한다면 다른 이야기일 수 있다. 이 경우에도 전략적으로 자신의 소셜미디어 채널을 운영해야 한다는 점에서 전략의 차이만 있을 뿐 큰 차이가 없다. 마케팅의 관점에서, 플랫폼에서는 내가 하고 싶은 이야기가 아니라 타겟이 관심을 가질 만한 이야기를 하는 것이 중요하다. 개인적으로 진짜 하고 싶은 말을 하는 개인 계정은 분리해서 운영하는 것이 좋다고 생각한다.

일반적으로 사람들은 변호사의 소소한 일상보다는 그 사람이 어떤 분야에서 전문성이 있고, 어떤 고민을 하고 있는지에 더 관심을 가질 수 있다. 일과 연관된, 타겟 마켓에게 매력적일 수 있는 내용들을 중심으로 SNS 콘텐츠를 구성해보자. 반면, 변호사의 가정적인 모습, 소탈하고 친근한 모습 등을 통해 신뢰를 가지고 수임으로 이어지는 경우도 있을 수 있다. 어떤 대상을 타겟팅하는지에 따라 차이가 있을 수 있으므로 신중하게 생각해보자.

· **소통을 위한 플랫폼 – 카카오톡 오픈채팅, 카카오톡 채널, 이메일**

나의 마케팅 콘텐츠가 고객에게 인상을 남겨서 상담을 해보고자 하는 생각을 들게 만들었다면, 절반의 성공은 거둔 것이다. 이제는 고객이 나와 실질적으로 연결되고 수임 계약을 체결하기까지의 과정이 남아 있다. 이 과정을 얼마나 쉽고 설득력 있게 만드는지 또한 굉장히 중요하다. 예를 들면 온라인 쇼핑몰 같은 곳의 경우에도,

어딘가에서 광고나 추천을 보고 들어갔는데 상세 설명이 잘 나와 있지 않고 결제 등의 과정이 복잡하다면 최종적으로 물건을 구매하지 않고 나가버리는 고객들이 많을 수밖에 없다. 때문에 인터넷 쇼핑 업체들은 구매 전환율을 높이기 위해 수많은 조사와 연구를 통해 UI를 개선하고 결제 등의 과정을 간편화하기 위해 노력한다.

물론 상담 이후 수임은 개개인의 역량이다. 그러나 적어도 변호사와 직접 대화를 하기 전까지의 과정을 합리적이고 쉽게, 그래서 좋은 인상을 주고 중간에 나가지 않게 하는 과정까지는 온라인 플랫폼을 통해 지원이 가능하다.

과거에는 방문이나 전화를 통한 상담이 주를 이루었지만, 최근에는 온라인을 통한 상담이 점점 더 큰 비중을 차지하고 있다. 특히 연령대가 낮을수록 이런 경향은 심화되고 있다. 때문에 한국인들이 가장 많이 쓰는 카카오톡의 여러 기능을 활용하여 간편하게 접근할 수 있도록 하는 것이 좋다.

물론, 접근이 쉽기 때문에 가볍게 질문만 하는 고객이 늘어서 시간을 뺏기고 스트레스만 받는 경우도 있을 수 있다. 역시 사업의 목표와 타겟 설정에 따라야 하며 이러한 선택은 개인의 몫이다.

■ 디지털 마케팅 팁

1) 네이버 활용하기

한국인들이 가장 많이 사용하는 온라인 플랫폼, 네이버. 아직까지 많은 사람이 필요한 정보를 네이버 검색을 통해 찾아본다. 때문에 네이버 검색에서 눈에 띄는 것이 중요하다. 네이버를 다각도로 활용하여 잠재 고객들이 나를 찾을 수 있도록 해보자.

· **네이버 블로그** : 가장 일반적이고 실속 있는 방법이다. 직접 생산한 콘텐츠로 홍보와 고객으로부터 신뢰를 얻는 두 가지 효과를 가질 수 있다. 중요한 것은 적절한 키워드를 사용하여 검색순위를 높이는 것과 블로그 콘텐츠로 접근한 고객들이 유료 상담이나 수임으로 전환될 수 있도록 경로를 쉽고 명확하게 설정하는 것이다.

· **네이버 플레이스** : 최근 변호사 사무실들의 경우 워크인 고객들이 줄어들고 있는 추세라고 하지만, 여전히 사무실이 번듯하게 있다는 느낌을 주는 것은 중요하다. 대부분의 고객들이 추천을 받거나 검색을 통해 블로그나 SNS 게시물을 통해 어떤 변호사를 인지하게 되면 다시 변호사 이름이나 사무실 이름으로 검색을 해볼 것이다. 이 때, 고객들에게 어떤 게시물이 나오게 될지도 신경을 써보자. 특히, 네이버 플레이스에 사무실 위치 정보가 나온다면 고객들로부터 신뢰를 획득하는 데 유리하며, 방문 상담을 원하는 고객들이 찾아오기도 쉬울 것이다.

· **네이버 인물정보** : 변호사와 같은 전문직은 인물정보 등록이 가

능하다. 역시, 변호사의 이름을 검색했을 때 인물정보에 등재되어있다면 고객들의 신뢰는 더욱 높아질 것이다.

· **네이버 카페** : 네이버 카페는 수많은 사람들이 모여 있기 때문에 마케팅 측면에서 굉장히 유용한 공간이다. 특히 같은 아이디로 네이버 블로그 등과 연계도 가능하기 때문에 네이버 마케팅에서 주목해볼 만하다. 타겟 고객이 모여 있는 카페들을 찾아서 활동해보자. 사실 카페를 통한 마케팅은 쉬운 일이 아니다. 많은 카페들이 카페 내의 마케팅 활동을 금하거나, 영리활동을 위해서 카페 운영진과의 논의를 필요로 할 것이다. 순수 친목 목적의 카페의 경우는, 마케팅 목적으로만 활동한다는 것을 알고 신뢰를 하지 않을 수도 있다. 그러니 홍보를 위해서 들어가는 것보다는, 타겟 마켓 구성원들을 이해하고 접점을 늘리기 위해서라고 생각하고 일상적인 활동을 이어나가는 것이 좋다. 그러다 보면 누군가 법적인 조언이나 자문이 필요한 일이 생겼을 때, 소소하게 댓글을 통해 상담으로 연결할 수 있는 가능성을 발견할 수 있을 것이다. 이런 식으로 구성원들 사이에서 변호사로서의 존재감을 키워다가 보면, 카페의 구성원 모두가 잠재적인 고객, 혹은 고객을 소개해줄 수 있는 사람들이 될 수도 있을 것이다.

· **네이버 지식인** : 다소 고되지만 아주 효과적인 마케팅 방법 중 하나가 바로 네이버 지식인을 활용하는 것이다. 지식인 검색은 네이버 검색 결과에서 상당히 위쪽에 위치할 뿐 아니라, 해당 키워드나

이슈에 관심을 가지고 있는 사람들이 찾아보는 내용이기 때문에 진짜 고객을 만날 가능성이 아주 높다. 관련된 질문들에 대한 답변을 남기면 질문한 사람 본인뿐 아니라, 그 질문에 관심이 있는 다른 사람들도 답변을 보게 되므로 마케팅 측면에서 큰 효과를 볼 수 있다. 지식인 활동의 또 하나의 장점은 사람들이 구체적으로 어떤 점을 궁금하게 생각하는지, 어떤 질문에 대한 답을 찾고 싶은지를 알 수 있다는 점이다. 2주 정도만 꾸준히 투자해도 질문의 경향성이나 최근의 트렌드를 알게 될 것이다. 지식인을 활용할 때 가장 좋은 전략은, 질문에 대한 일반적인 수준의 답변을 블로그 포스트로 작성해서 간단한 도입말과 함께 해당 포스트 링크를 걸어주고, 자세한 상담을 위해서 연락할 수 있는 방법 정도를 남기는 것이다. 이 경우 블로그로의 유입도 늘어나는 효과를 볼 수 있다.

2) SNS 활용하기

SNS는 말 그대로 네트워크와 바이럴 마케팅 효과를 누릴 수 있는 최고의 방법이다. 앞서 '마케팅 전략'에서 설명한 바대로, 블로그 콘텐츠를 통한 검색 노출에 안주하지 말고, SNS를 통해 더 많은 사람들에게 접근할 수 있도록 하자.

- **페이스북 페이지** : 페이스북 페이지는 개인 계정과 달리, 비지니스 페이지를 별도로 만들어 홈페이지처럼 관리할 수 있는 기능이다. 페이지에는 위치와 서비스, 영업 관련 정보 등을 게시할 수 있어 일

종의 홈페이지처럼 사용 가능하며, 일반 SNS처럼 포스트를 올려서 팔로워들이 볼 수 있도록 하고, 행사 등을 홍보할 수도 있다. 더불어, 페이스북과 인스타그램에서 유료 광고를 진행할 계획이 있다면, 페이지가 반드시 필요하다. 해외에서는 어떤 종류의 비즈니스이든 페이지를 만드는 것을 기본 옵션으로 생각할 만큼 대중적이다. 만드는 것이 어렵지 않기 때문에, 당장이라도 시작하기를 권한다. 블로그에 정성껏 포스팅한 글들을 페이스북 페이지에 링크 포스트로 발행하여 나를 팔로우한 사람들이 볼 수 있게 하자. 검색이 아니라 네트워크를 통해 콘텐츠를 퍼트릴 수 있게 된다. 내 글이 의미있다고 생각하는 사람들은 '좋아요'를 누르거나 공유를 해줄 수도 있다. 이런 식으로 독자와 팬들을 기하급수적으로 늘려갈 수 있는 것이다. 페이스북 페이지의 장점 중 하나는, 활동의 결과를 확인할 수 있다는 점이다. 블로그 통계 기능과 비슷하게 활동 내용을 볼 수 있는 인사이트를 제공하므로, 나의 활동의 결과를 확인하고 새로운 방향을 설정하는 데 유용하다. 마지막으로, 페이스북 페이지는 인스타그램 계정과도 연동할 수 있다. 인스타그램을 통해 페이스북 페이지를 동시에 관리하는 방법도 있다.

· **페이스북 그룹** : 네이버 카페에서 설명한 바 있듯, 관심사가 비슷한 사람들, 나의 타겟 마켓에 부합하는 사람들이 모여 있는 공간은 최고의 마케팅 장소이다. 페이스북에는 수많은 그룹들이 있다. 나의 타켓에 부합하는 그룹들을 찾아서 가입하고, 페이스북 페이지

를 통해 발행된 정보를 그 그룹들에 공유하자. 페이스북 그룹은 대부분 아주 느슨한 네트워크이고 대부분의 정보들은 사람들의 타임라인에서 그냥 흘러가게 된다. 하지만, 나의 콘텐츠가 굉장히 유용하거나 흥미롭다면, 수많은 사람들 중 몇 명이라도 주목을 해줄 수 있을 것이다. 하나의 포스트를 그룹들에 공유하는 데 걸리는 시간은 많이 잡아야 5분이다. 5분을 투자해서 수많은 페이스북 그룹의 수만 수천 멤버 중 한두 명이라도 제대로 만날 수 있다면, 큰 소득이라고 할 수 있다.

· **인스타그램** : 최근 한국 디지털 마케팅에서 가장 떠오르고 있는 플랫폼은 인스타그램이다. 그런데 인스타그램은 직관적이고 이미지 중심의 플랫폼이기 때문에 변호사 마케팅에 그리 어울리는 공간은 아닐 수 있다. 하지만 역시 시도하지 않는 것보다는 낫다. 인스타그램 계정은 여러 개 만들 수 있는데, 개인 계정과 업무용 계정은 분리하면 관리가 더 유용할 수 있다. 플랫폼의 특성상 너무 많은 개인정보가 노출될 가능성을 방지하기 위해서이기도 하고, 페이스북 페이지와의 연동을 통해 관리를 쉽게 하기 위해서이기도 하다. 인스타그램은 외부 연결이 극단적으로 제한되어 있다. 공유하기, 퍼가기 등의 활동도 쉽지 않다. 그래서 자신의 계정+프로필로만 승부를 봐야 한다. 그리고 해시태그를 적절히 사용하여 관련 주제에 관심을 가지는 사람들이 내 포스트를 보게 하는 것이 중요하다.

물론, 이미지 중심의 플랫폼이지 때문에 이미지에 대한 부담이 있을 수 있다. 그런데 최근에는 무료 이미지 제작 사이트와 툴들이 잘 되어있어서, 약간의 시간만 투자한다면 일정 수준 이상의 이미지를 만들 수도 있다. 힘들다면 텍스트만으로 디자인된 게시물을 올려도 된다. 조금 복잡한 사안의 경우에는 카드뉴스 형식으로 제작한다면 더 많은 사람들의 주목을 받을 수도 있을 것이다.

인스타그램을 시작하기 전에 다른 변호사 혹은 전문직들은 어떤 식으로 계정을 운영하고 있는지, 잘 되는 관련 계정의 특징은 무엇인지 한번 분석해보자. 그리고 그들을 팔로우하고 있는 사람들에게 먼저 다가가서 소통을 시작해보자. 경쟁자의 팔로워들은 같은 관심을 가지고 있기 때문에 나의 팔로워가 될 가능성도 높기 때문에다. 사실 대부분의 온라인 마케팅이 이러한 분석 과정부터 시작할 필요가 있다.

3) 블로그와 SNS 쉽게 유기적으로 관리하기

바쁜 1인 변호사들을 위해, 가장 쉽고 유기적인 관리법을 소개하고자 한다. 사실 이 방법은 각각의 플랫폼을 키우기 위한 왕도는 아니다. 그러나 변호사 직종의 특성 상 블로그 콘텐츠(혹은 유튜브 콘텐츠)가 가장 중요한 마케팅 수단이라고 할 때, 그 콘텐츠의 노출도를 높이고 혹시 모를 부가 효과를 기대하는 측면 정도로 이해하면 좋겠다.

· 섬네일을 신경 써서 만든다. 블로그에서 이미지를 일정 수준 이

상으로 활용하는 것은 노출 순위와 클릭률 상승을 위해서나, 독자들의 이해를 위해서나 굉장히 중요한 것이다. 특히 정성껏 만든 섬네일은 SNS에까지 활용할 수 있기 때문에 시간과 노력을 투자할 만하다. 이미지를 만드는 팁은 뒷부분을 참고하자.

・블로그 섬네일을 인스타그램에 업로드한다. 블로그 섬네일을 인스타그램 포스트로 활용하는 것이다. 인스타그램 포스트에는 해당 포스팅의 핵심을 담은 멘트를 넣되, 적절한 해시태그를 활용해야 한다. 인스타그램 멘트를 작성할 때에는 내용이 줄줄이 붙지 않도록 인스타공백닷컴(https://instablank.com/) 사이트를 활용해 예쁘게 글을 남겨보자. 인스타그램 포스트에는 외부 링크를 삽입할 수 없기 때문에 사람들로 하여금 프로필에 방문해서 블로그 링크를 통해 더 많은 정보를 얻을 수 있도록 해야 한다. 때문에 프로필을 잘 꾸미는 것도 중요하다

・인스타그램 포스트를 페이스북 페이지로 동시에 발행한다. 인스타그램 계정과 페이스북 페이지를 연동하면 인스타그램 포스트를 페이지에 동시에 업데이트할 수 있다. 페이스북은 인스타그램과는 달리 링크를 허용한다는 장점이 있기 때문에 인스타그램을 통해 자동으로 발행된 포스트를 약간 수정해주면 좋다. 페이지에 가서 해당 게시물에 블로그 포스트 링크까지 들어가도록 수정하자.

・페이스북 페이지 포스트를 페이스북 그룹에 공유한다. 페이스북 페이지 '공유' 버튼을 활용해 가입해놓은 각종 페이지에 게시물

을 공유한다. 페이스북 그룹에 따라서는 페이지 자체의 가입을 허용한 경우가 있는가 하면, 개인 계정으로만 가입이 가능한 경우도 있다. 개인 계정으로 가입한 그룹의 경우에는 사용 계정을 개인으로 변경하여 공유하면 된다.

· 다른 SNS에도 공유한다. 트위터, 카카오스토리, 카카오톡 채널, 카카오톡 오픈프로필, 혹은 기타 다른 SNS에도 같은 방식으로 공유할 수 있다.

이런 흐름으로 SNS 계정을 운영하면 블로그 포스팅 하나를 통해 블로그, 인스타그램, 페이스북 페이지 그리고 기타 다른 SNS들까지 통합적으로 관리할 수 있다.

4) 카카오톡 채널, 카카오톡 오픈프로필 활용하기

많은 고객들이 방문이나 전화 상담을 선호하겠지만, 온라인으로 상담을 원하는 고객도 많이 있다. 특히 젊은 층의 경우에는 온라인 상담을 훨씬 선호하기 때문에 시간이 지날수록 온라인을 통한 고객과의 소통이 중요해질 것으로 보인다. 온라인 상담을 위해서는 한국에서 가장 지배적으로 사용되는 메신저인 카카오톡을 효과적으로 활용하면 좋다. 고객 관리와 상담 자동화 측면에서는 카카오톡 채널을, 편리한 상담을 위해서는 카카오톡 오픈프로필을 만들어서 사용할 것을 권한다.

5) 무료 이미지 디자인 솔루션 활용하기

디지털 플랫폼에서 이미지가 차지하는 비중은 엄청나다. 2018년에 나온 한 조사 결과에 따르면, 이미지가 포함된 포스트는 텍스트만으로 되어있는 포스트에 비해 352%나 되는 참여율을 보이며, 구매 결정에는 65% 더 효과를 보인다고 한다. 이미 2년 전 통계인 만큼, 현재에는 이보다 더 큰 영향력을 가지고 있을 것으로 짐작된다.

그만큼 이미지가 중요하지만, 디자이너도 아닌 변호사가 이미지를 활용한 온라인 콘텐츠를 제작한다는 것은 너무나 힘든 일이다. 하지만 최근에는 많은 무료 디자인 솔루션들이 있어서 이를 충분히 활용한다면, 누구나 쉽고 편하게 일정 수준의 이미지를 만들어낼 수 있다.

· 캔바(https://www.canva.com/)는 전세계에서 이용하고 있는 디자인 사이트이다. 무료 계정만으로도 다양한 이미지를 제작하고 다운로드할 수 있다. 소셜 미디어 포스트, 스토리, 유튜브 섬네일 템플릿뿐 아니라 페이스북 페이지나 유튜브 채널 디자인용 템플릿도 제공된다. 간단한 GIF나 동영상 파일을 지원하기도 한다. 뿐만 아니라 로고, 팜플렛, 각종 문서 양식 등 필요한 모든 이미지 디자인이 가능하다고 해도 과언이 아니다. 기존 템플렛을 활용하여 글자만 수정할 수도 있고, 내가 직접 찍은 사진이나 온라인 무료 이미지 사이트에서 다운받은 이미지를 활용하여 전혀 다른 디자인을 만들 수도 있다.

· 미리캔버스(https://www.miricanvas.com/)는 한국에서 만든 무료 디자인 툴로, 저작권 걱정 없이 상업적으로 이용할 수 있는 다양한 디자인 템플릿들을 제공한다. 역시 SNS뿐 아니라 다양한 명함, 프리젠테이션, 온라인 쇼핑몰 제품 상세 페이지 등 다양한 템플릿이 가능하다. 한국에서 만든 사이트인만큼, 최근 한국의 이슈들과 관련된 템플릿을 쉽게 만날 수 있는 장점도 있다. 디자인 측면에서 조금 아쉽기는 하지만, 워터마크도 없이 전면 무료인만큼 알차게 활용해보자.

· 망고보드(https://www.mangoboard.net/)는 한국 무료 디자인 툴의 선두주자로, 개인적으로는 디자인 퀄리티가 미리캔버스보다 높다고 생각한다. 하지만, 유료로 사용해야 한다.

■ 실제 블로그 운영 사례

1) 변호사가 직접 운영한 경우

개업준비를 하면서 가장 많이 들었던 조언은 "블로그를 시작해라."였다. 개업을 하면서 자신을 홍보하기 위해서는 여러 방법을 써야 하는데 서초동에서 광고비는 몇천만 원씩이나 드니, 그나마 돈이 덜 드는 블로그를 운영하라는 것이었다. 그래서 처음 시작한 블로그. 어떻게 해야 할지도 모르겠고. 그냥 아무글이나 올렸는데 방문자 수도 안 나오고 검색도 제대로 되지도 않고 한동안은 시름에 잠겼었다.

그러다 우연히 발견한 책! 길벗출판사의 《블로그 운영&마케팅 무작정 따라하기》였다. 지푸라기라도 잡는 심정으로 이 책을 보고 무작정 따라하기 시작했고, 그 결과 방문자 수는 점점 늘기 시작했다.

그 책의 가장 중요한 포인트 몇 개만 뽑자면,
- 글은 겹치지 않게 일주일에 3회 정도 규칙적으로 올려라. 하루에 여러 개 올리는 것은 소용이 없다. 시간이 많아서 하루에 여러 개 올리게 된다면 네이버에 예약 발행 기능을 사용하라.
- 작성한 글에 사진과 동영상을 적절히 활용해라. 겹치는 사진을 절대 쓰지 말아라.

나의 경우를 간추려 보자면, ① 글은 주로 상담 내용을 요약하는 형식으로 정리를 했다. 질문과 답변 형식으로 간단하게, ② 블로그에 올리는 사진은 픽사베이와 같은 사이트에서 무료로 다운을 받거나, 법원이나 검찰청, 경찰청 사진은 내가 직접 가서 여러 각도로 사진을 여러 장 찍어서 올렸다. ③ 승소사례의 경우 판결문을 첨부하고 그 내용과 내가 승소 판결을 받기 위해 어떠한 노력을 했는지를 굉장히 상세하게 어필을 했다.

네이버에 노출되는 자세한 방법은 위에서 소개한 책의 내용을 참조 바란다.

실제로 승소 사례를 보고 전화가 오는 경우도 있었고, 승소 사례와 비슷한 사례를 수임한 경우도 있었다. 개업을 준비하고 있다면, 무엇보다 블로그부터 제대로 운영하라고 당부하고 싶다.

2) 마케팅 업체 블로그 마케팅을 이용한 경우

나의 경우는 회사를 그만두자마자 예전에 다니던 회사의 사무장으로부터 연락을 받았다. 통화의 요지는 변호사님도 개업을 하셨으니 수임처가 필요하지 않으시냐며 블로그를 관리해주는 업체를 소개시켜 주겠다고 했다. 이 업체는 원래는 대부업체 위주의 마케팅을 하는 업체인데 이번에 법률시장에도 영역을 확대하려고 한다는 간단한 소개와 함께 대부업체 시장에서 얼마나 혁혁한 성과를 올렸는지 자랑도 살짝 곁들였다.

블로그 마케팅 비용도 천차만별로 알고 있는데 업체 자체가 법률시장에서는 처음 시작하는 입장이라 일단 한달에 33만 원 정도로 시작했다(1~2 개월 후에는 55만 원 정도로 인상됐음). 이 마케팅 업체에 블로그 관리를 맡긴 후에 상담전화가 제법 왔고 실제로 수임으로 연결되기도 했다.

그러나 결정적으로 오래 맡기지 않은 이유는

① 포스팅 내용이 적절하지 않았다. 변호사의 이름을 걸고 운영하는데 내용 자체가 너무 허접했다. 고치려고 손을 대기에는 아예 전부 수정해야 하는 경우가 많았다.

② 지역이나 전문에 관한 변호사법을 위반하는 표현을 올렸다. 이건 민감한 문제인데 실제로 내가 변호사협회로부터 징계를 받을 수도 있는 사안이다. 예를 들면, 어느 날은 특정 지역에서 상담전화가 많이 오기에 블로그를 체크해봤더니 "지역이름+

전문변호사"라는 해시태그가 걸려있었다. 이는 전문변호사제도에 관한 변호사법 위반 소지가 있을 수 있었다. 그리고 지역의 이름으로 검색이 되게 해도 대도시는 경쟁이 치열하기에 결국엔 수임이 돼도 재판 다니기 힘든 오지에서 상담 전화가 걸려오는 부작용이 있었다.

이렇게 신생 블로그 마케팅 업체에 블로그 관리를 맡긴다면, 비용은 저렴하고 효율적일 수 있으나 글의 내용을 점검해서 홍보에 관한 변호사법 위반 사항은 없는지, 내용에 심각한 오류는 없는지 체크해보아야 한다. 업체에게 맡길 경우 이런 점만 주의하면 상위 검색어 노출이나 유입량 관리는 어느 정도 보장된다고 할 수 있다.

3) 직원이 블로그 관리한 경우

나 같은 경우는 직원이 업체보다 오히려 효율성은 떨어졌다. 처음에는 블로그 영업을 위주로 하는 법무법인에서 일하는 직원이 투잡으로 내 블로그까지 봐주기로 했다. 70만 원 정도의 페이를 줬는데 처음에는 잘 되는 것 같이 느껴졌지만 결국 상담전화가 많이 오지 않는다는 것이 문제였다.

이 직원은 블로그 팀의 일원으로 팀장의 지시대로 글을 쓰고 블로그를 키웠지만 정작 블로그가 상위검색에 노출되는 핵심 팁(시기나 시간대 등에 따라 노출되는 방법이 다르다고 한다).은 팀장이 알고 있어서 그렇게까지 효과를 보지 못한 것 같다. 위의 경험은 나의 개인적인 예일 뿐 어떤 법무법인은 블로그를 관리하는 팀을 운영하며 엄청난 수익을 올리고 있기도 하다.

이런 곳은 마케팅 업체 정도로 블로그 마케팅에 지식이 있는 팀장이 있고 글을 쓰는 팀원을 고용해 여러 개의 블로그를 키우면서 글을 올리고 검색 유입량을 관리한다. 마케팅 업체 하나를 법무법인 안에 두고 있는 셈이며, 블로그를 잘만 이용하면 블로그만으로도 법무법인이 운영이 될 수도 있다는 뜻이다. 그러나 규모가 작은 곳은 이렇게 전문적으로 직원을 고용하거나 팀을 꾸릴 수 없다.

소규모 법률사무소에서 블로그를 관리하는 직원을 고용하면 내용에 대한 개입은 좀 더 편하지만 마케팅 업체보다는 검색 순위나 유입량을 조절하는 데에 전문성이 떨어질 수 있다. 이러한 단점을 극복하는 팀장급의 전문적인 직원을 고용한다면 상당한 급여를 지불해야 할 것이다. 블로그 영업으로 사활을 건다면 이렇게 전문적인 팀을 꾸리는 것도 추천할 만하다.

직원과 마케팅 업체를 모두 이용해본 입장에서 업체가 비용대비 효과가 좋았다는 생각도 든다. 그러나 가장 좋은 것은 하루에 일정 시간을 투자해서 변호사가 직접 블로그를 관리하는 것이라고 생각한다. 자신의 생각을 정리하고 사건을 정리하는 목적도 겸하면 금상첨화일 것이다. 블로그는 이제 선택이 아니고 필수인 시대로 가고 있는 듯하다. 의뢰인들은 변호사를 만나기 전에 기본적인 검색은 하고 오며 블로그를 검색해보며 '그동안 어떤 일을 해왔으며 얼마나 열심히 하는 변호사인지' 알아보고자 한다. 따라서 개업을 하면 꼭 수임을 위해서가 아니더라도 일정 기간은 블로그 관리를 하는 것을 추천한다.

▌1인 변호사의 과제 그리고 미래

　내가 1인 변호사로 개업한 지 어느덧 1년이 지났다. 개업변호사로 사는 것. 그 시작의 결심부터 현재에 이르기까지 녹록지 않은 시간을 보낸 것 같다. 우선 달라진 법조환경으로 인하여 판사, 검사도 변호사로 개업하는 것을 주저하는 시대가 되었다. 과거에는 상상조차 할 수 없던 일이다. 그만큼 법조인들을 둘러싼 환경이 상전벽해로 변화된 것은 사실이다. 따라서 개업을 하겠다는 마음과 의지를 갖는 데에도 시간이 걸리고 그 결심을 현실로 옮기기까지도 무수한 난관이 존재한다.

　1인 변호사로 개업하는 과정이 문제다. 시장에서 아무도 개업의 방법에 대해서 가르쳐주지 않는다. 그러다 보니 개업을 결심한 변호사는 막막한 두려움 속에서 "과연 내가 해낼 수 있을까? 돈만 들여서 개업을 했다가 혹시라도 망하면 큰일 나는 것 아니야?" 이러한 불안감이 많은 것도 사실이다. 그래서 최근에는 단독 개업보다는 여러 명의 변호사님들이 함께 1인 사무실을 연대하여 운영하는 사례가 많아지고 있다. 필연적으로 여러 명이 한 사무실을 사용하다 보면 세워놓은 규칙도 무너지는 경우가 많고 분쟁사유가 늘어나는 것도 분명하다.

　1인 변호사로 개업을 하는 것도 어려웠지만, 개업 이후가 더 문제다. 현재는 변호사가 3만 명을 넘어섰고, 생각보다 한국에서의 변호사 수요는 매우 적다. 우리나라 법조시장의 파이는 다른 나라에 비하면 매우 작은 편이다. 게다가 나홀로 소송의 비중도 매우 높은 편이다. 즉 소수의 사건을 가지고 다수의 변호사가 치열하게 경쟁하다 보니 수임료는 매우 낮아졌지만, 그로 인한 부작용도 많이 발생하고 있다. 변호사 수임난이 공공연하게 보도되고 있는 것이 사실이고, 실제 수임에 어려움을 겪는 변호사님이 많다. 나 역시 한 달을 넘기고 나면 다음 달을 걱정하기 시작한다. 개업변호사는 걱정을 달고 살아간다.

따라서 새로운 서비스 시장을 어떻게 개척해나갈지에 대한 진지한 고민이 계속 되어야 한다. 이를 위해 개인 변호사 간의 협업, 타 직종과의 협력을 생각해볼 수 있고, 송무가 아닌 분야로의 진출도 생각해볼 수 있다.

또한 생존을 위해 변호사로서의 직업윤리를 유지하는 것 자체가 고민되는 상황이 발생하기도 한다. 법조불신의 진원지라고 할 수 있는 사무장 문제도 해결이 잘 되지 않고 있다. 변호사법이 명백하게 살아 있음에도 불구하고 법조시장에서 수임난이 해결되지 않는 한 사무장 문제도 해결이 매우 어렵다. 법무부에서도 변호사 시장의 문제점에 대해서 인지하고 있는지조차 의문일 정도로 변호사 시장의 사무장 문제는 거의 방치되어 있다 싶을 정도다. 1인 개업변호사가 수임이 어려워서 사무장을 이용할 경우 그 불법성은 차치하고서라도 사무실을 유지하기가 매우 어렵다. 사무장에게 소위 뽀찌라는 것을 떼어주고 나면 변호사는 온전히 책임만 떠안고, 아무런 소득도 남는 것이 없기 때문이다. 그래서 나는 사무장을 철저히 이용하지 않기로 작정한 채 개업을 했고, 다행히 지난 1년간은 그 다짐을 지켜오고 있어 감사하다. 그러나 법조시장의 파이를 전체적으로 키우지 않는 한, 그리고 사무장의 불법적 문제를 철저하게 단속하지 않는 한 이 문제는 영원히 해결되지 않을 수도 있다는 불안감이 크게 남아 있다.

1인 변호사로서의 또 다른 고민은 광고비 지출이다. 과다한 광고 경쟁으로 인해 전국적으로 사건을 수임하여 일부 로펌의 수임료는 높아지기도 하고, 또는 매우 저렴하게 사건을 수임하고는 방치하여 사건 처리의 질이 낮아지는 문제가 발생하기도 한다. 변호사가 광고를 통한 수임에만 의존하다 보면 결국 높아지는 광고료를 감당할 길이 없게 된다. 광고를 하는 개업변호사 선배가 내게 들려준 말이 아직도 생생하게 기억이 난다. "나는 자전거 페달을 밟고 있는 심정이야. 광고를 그만두면 내 사무실은 다음 달부터라도 문을 닫을지도 모르겠어." 솔직한 심정을 내게 들려준 선배님께 고마운 마음이 들었다. 변호사가 사건 처리에 고민을 해야 할 시간에 광고를 어떻게 해야 사건이 올 것인지, 어떻게 나를 알릴 것인지 여기에 더 고민을 해야 하는 우리의 현실이 슬프지만 엄연한 현실이다. 우리는 현실을 부정해서 살아갈 수는 없다.

마지막으로 플랫폼의 과제이다. 이제 AI가 변호사를 대체하고자 하는 움직임도 나오고 있다. 이른바, AI 4차 산업혁명의 도래이다.

변호사라는 직업이 없어질 것인지, 아니면 유지될 것인지 지금도 치열하게 논의되고 있는 바, 나의 견해는 반반이다. 변호사가 담당하는 기계적인 업무는 대체될 수 있겠지만, 그래도 변호사가 고유하게 담당하는 영역은 남게 될 것이라 확신한다. 변호사라는 직업이 남게 되더라도 AI로 대체되는 부분이 절반이라면 변호사 시장의 파이는 더 줄어드는 셈이라 그것도 걱정이다. 하지만 앞으로 다가올 미래의 위협에 그저 당하고만 있을 수는 없다. 그래서 1인 변호사들은 벼넥시트(변호사+브렉시트)를 꿈꾸기도 하고 1인 변호사로 살아남기 위해 다양한 방법을 연구하고 있다. 이것이 혁신이라면 혁신일 수 있겠다.

나는 1인 변호사로서 자유로운 미래를 꿈꾼다. 사건 처리에 있어서도 좀 더 자유롭고 싶다. 누구에게 예속되지 않은 법률전문가로서의 자유로움을 지향한다. 우리나라 변호사법(법률 제17366호, 2020. 6. 9., 타법개정) 제1조 제1항에서는 변호사는 기본적 인권을 옹호하고 사회정의를 실현함을 사명으로 한다고 규정하고 있다. 같은 조 제2항에서는 변호사는 그 사명에 따라 성실히 직무를 수행하고 사회질서 유지와 법률제도 개선에 노력하여야 한다고 규정하고 있기도 하다. 나의 꿈은 변호사로서의 사명을 성실하게 지키면서 살아가는 것이다.

여기에 조금 더 바라는 점이 있다면 변호사로서의 독립성이다. 변호사법 제2조에서는 변호사는 공공성을 지닌 법률 전문직으로서 독립하여 자유롭게 그 직무를 수행한다고 규정한다. 변호사를 독립적 전문직으로 규정한 이유는 비단 변호사 개인만을 위해서 정한 것일까. 나는 그렇게 생각하지 않는다. 변호사가 독립적인 전문직으로 자기의 목소리를 내지 못한다면, 이 사회의 정의와 인권이 사라져갈 때 올바른 목소리를 낼 사람이 적어지는 것을 말한다. 그렇기 때문에 국가는 변호사의 사명과 변호사의 지위를 규정하여 자유롭고 독립적인 법률 전문가를 양성하고자 한 것이 아닐까.

지금 법조시장은 상전벽해의 변화를 몸소 겪어내고 있다. 나는 1인 개업변호사로서 혼자 그 싸움을 버텨내고 있다. 내가 언제까지 변호사의 업무를 수행할 수 있을지는 아무도 모른다. 우리는 내일의 일도 모르기 때문에 미래를 예측하는 일은 매우 조심스럽다. 다만, 하나의 꿈이 있다면 이 땅에 개업변호사가 늘어나고 그들이 서로 건강하게 경쟁하고 서로 연대하기를 바란다. 그리고 이 땅의 정의가 무너질 때, 사회의 약자가 울부짖을 때, 법이 말하는 정의와 공정, 자유와 평등, 헌법의 가치를 부르짖을 수 있는 변호사가 다수 배출되기를 희망한다. 지금의 법조환경을 고려하면 그러한 변호사가 더 나올 수 있을지 매우 우려스럽다. 그러나 우리는 이 땅에서 조금이나마 정의가 실현되기 원한다. 1인 개업변호사가 자유롭고 독립적인 법률 전문가로 기능할 수 있기를 바란다. 나는 이러한 법조생태계의 바람직한 변화의 초석을 놓는데 작게라도 이바지하고 싶다. 그것이 개업해서 하루하루를 버티면서 살아가는 한 명의 변호사로서 바라는 우리의 미래이다.

글을 마치며

1인 개업변호사로 활동하는 21명의 변호사님과 1명의 마케팅 전문가와 함께 집필한 책이 드디어 완성되었습니다.

개업 초기 과연 내가 안정적인 개업변호사가 될 수 있을까, 사무실을 유지할 수 있을까 하는 두려운 마음으로 매일매일을 고민했던 기억이 떠오릅니다. 그때 나에게도 곁에서 함께 고민해줄 동료가 있다면 얼마나 좋을까라는 생각을 많이 했습니다. 그런 마음이 통해서였을까요? 1인 변호사 모임을 통해 여러 변호사님과 서로를 돕고 성장해가는 관계가 저에게는 더욱 특별하고 감사한 경험이었습니다. 그런 도움을 받다 보니 자연히 혼자 고군분투하실 동료 변호사님들을 떠올리게 되었습니다.

1인 변호사로 사무실을 운영하는 이야기를 책으로 쓰고 싶었으나, 사실 저 혼자서는 도저히 담을 수 없는 방대한 내용이라 누군가 함께해주셨으면 하는 마음뿐이었습니다. 하지만 모두 바쁜 분들이기에 선뜻 함께하자는 제안을 드리기도 조심스러웠습니다.

7월 말 함께 1인 변호사를 위한 개업 가이드를 써보자는 저의 뜬금없는 제안에 너무나 많은 분이 흔쾌히 참여의사를 밝혀주셨고 지난 3개월간 개업변호사를 응원하는 마음을 담아 이 책을 쓰게 되었습니다. 많은 분들의 도움과 열정, 노력, 법조동료를 아끼는 마음이 없었다면 결코 탄생할 수 없었을 정말 소중한 책입니다.

업무로 바쁜 가운데 각자 열심히 조사한 정보와 연구한 노하우를 아낌없이 나누어주신 존경하고 사랑하는 우리 1인 변호사님들과 마케팅 전문가님께 다시 한번 진심으로 감사의 인사를 드립니다. 이 책을 통해 개업을 고민하시는 많은 변호사님이 개업 준비에 대한 아이디어를 얻으시고 또한 개업 초기의 시행착오를 줄일 수 있기를 바라는 마음입니다.

조직에 속해 있더라도 이제는 1인 기업가로서의 변호사로 활동해야 하는 시대가 도래했습니다. 변호사로 활동하시는 많은 분이 서로 돕는 네트워크를 형성해서 시너지 효과를 발휘하며 성장해나가는 경험을 함께 누리시길 추천합니다. 그리고 그 배움을 통해 의뢰인에게 보다 나은 서비스를 제공하며 변호사 각자 스스로 전문성을 키우고 자신이 원하는 경제적 자유를 누릴 수 있다면 바랄 것이 없습니다.

이번 집필을 함께한 저희 1인 변호사 모임은 1년이 채 안되는 짧은 기간이었지만 지난 수개월 동안 서로 다양한 정보 교류를 통해 멤버들이 능력 있는 좋은 변호사로 성장하는 데 아낌없는 후원과 지지를 해왔고 서로의 성장과 변화를 보며 한마음으로 기뻐했습니다. 이번 책 작업에는 함께 참여하지 못하셨으나, 능력이 출중한 저희 1인 변호사 회원들이 더 계십니다. 저희는 이 책을 시작으로 저희만의 특별한 경험과 노하우, 전문성을 담은 다양한 출판물 시리즈를 이어갈 예정입니다.

저희 1인 변호사 모임에 관심 있으셔서 이메일 주소 ahn.hyunjoo@gmail.com로 연락주시면 저희 정기 모임에 게스트 초대 메일을 보내드리도록 하겠습니다. 감사합니다.

2020. 초겨울

1인 변호사 모임을 대표하여
안현주 변호사 드림

저자 소개

1인 변호사 첫 오프라인 모임

저자 소개

경 규 연 변호사

윤익 법률사무소 대표변호사
한양대학교 행정학과
원광대학교 법학전문대학원
✉ kykyeong@unqlaw.com
www.unqlaw.com

경규연 변호사는 2012년 제1회 변호사시험에 합격한 후 법무부 인권국 변호사로 8년간 근무하였습니다. 국민들에게 법률상담과 법교육을 진행하며 법적 분쟁을 예방하고 법률복지 네트워크를 구축하는 데 기여하였습니다.

2019년 윤익 법률사무소를 설립하였습니다. 법무부에서의 경험을 바탕으로 의뢰인에게 도움이 되고 우리 사회를 이롭게 하는 탁월한 법률서비스를 제공하겠다는 진심을 담았습니다.

경규연 변호사는 윤익 법률사무소의 대표변호사로서 형사·가사 소송, 기업 법률자문을 주로 수행하고 있습니다. 또한 교육청·경찰서 등 기관 자문위원, 방송 출연·자문, 법무부 법교육 전문강사로 활동하고 있습니다.

곽소현 변호사

수평선 법률사무소 대표변호사
부산대학교 법학전문대학원(변호사시험 5회)
민사법 전문변호사
학교폭력대책심의위원회(서울동작관악교육청) 위원
✉ kwakshlawyer@naver.com
www.곽소현변호사.com

곽소현 변호사는 민사법 전문변호사로서, 부동산 전문 로펌에서 수년간 근무하면서 임대차, 경매 사건 등 민사 사건과 임금체불, 해고 등 노동법 사건, 가사 사건, 관련 형사 사건을 맡아 성공적으로 진행하였습니다.

곽소현 변호사는 1인 변호사로 개업한 이후 민사 사건에서 의뢰인에게 적절한 비용으로, 특화된 맞춤형 서비스를 제공하고 있습니다. 소송 전 전략 분석뿐만 아니라 소송에 소요되는 시간, 비용, 소송비용확정신청, 경매, 채권압류 등 집행절차, 추심절차, 등기 절차 등에 관련한 '종합 법률서비스'를 안내하고, 이 모든 서비스를 논스톱으로 제공하고 있습니다.

또한 곽소현 변호사는 현재 한국사회적기업진흥원 서울, 경기지역 법률/법무 컨설턴트로, 한국산업인력공단의 직장 내 괴롭힘 등 강사 및 자문위원으로, 학교폭력대책심의위원회 위원으로 활동하고 있으며, 위 활동을 토대로 관련 사건의 전문성을 발휘하고 있습니다.

권 희 영 변호사

법무법인 안심 구성원 변호사
명덕외국어고등학교 영어과
성균관대학교 법학과
경북대학교 법학전문대학원
대한변호사협회 인증 민사법, 가사법 전문변호사
✉ jikimi0811@naver.com

권희영 변호사는 명덕외국어고등학교 영어과, 성균관대학교 법학과, 경북대학교 법학전문대학원을 졸업하였습니다.

현재 대한변호사협회 인증 민사법, 가사법 전문변호사로 활발히 활동을 하고 있으며, 국선 변호사 및 국민권익위원회 전문 상담위원으로 공익활동에도 앞장서고 있습니다.

주로 계약과 관련된 여러 가지 분쟁을 해결하고 있으며, 청소년문제에도 관심이 많아 소년보호사건을 다수 수행하였으며, 가족 간의 분쟁해결을 위해 상속과 관련된 분쟁에도 많은 관심을 가지고 사건에 임하고 있습니다.

권희영 변호사는 여러 가지 전문 지식으로 무장한 채 의뢰인에게 더욱 친근하게 다가가기 위해 지금 이 순간에도 최선의 노력을 다하고 있습니다.

김 예 지 변호사

법률사무소 예원 대표변호사
경북대학교 법학전문대학원
www.yewonlaw.co.kr
✉ yenergizer@naver.com

김예지 변호사는 이화여자대학교 법과대학을 졸업한 후, 시민단체에서 시민활동가로 활동 중 변호사가 되면 더 많은 변화를 만들 수 있겠다는 생각으로 2012년 경북대학교 로스쿨에 진학하였습니다.

2016년부터 2019년까지 법무법인의 소속변호사로 민사, 형사, 특허사건과 건설, 유통, 공공기관자문 등을 주로 해왔습니다. 변호사의 다양한 직업적 가능성을 알게 되면서는 좀 더 다양한 일을 하고 싶다는 생각이 들어 개업을 하기로 마음먹었습니다.

개업 후 영어, 중국어가 가능한 특기를 살려 국영문 계약서 검토 및 자문을 주로 하고 있으며, 법률교육에도 관심이 많아 어떻게 기회를 만들어 볼까 항상 고민하고 있습니다. 처음 변호사가 되고자 마음먹었던 초심을 잃지 않기 위해 시민단체의 전문위원으로도 활동 중입니다.

김유나 변호사

법률사무소 아트로 대표변호사
이화여자대학교 법학전문대학원
스타트업 전문변호사
✉ lawyer@artlaw.co.kr
www.artlaw.co.kr

김유나 변호사는 스타트업 전문변호사로, 중소기업 및 문화예술 분야 기업에게 법무서비스를 제공하면서 법률지원이 필요한 창작자를 지원하는 취지로 설립된 법률사무소 아트로의 대표변호사입니다.

스타트업 법무팀장, 미디어그룹 법무팀에서 사내변호사로 근무하였고 2016년부터 현재까지 카이스트 창업지원실의 법률멘토로 수십 팀의 스타트업을 자문한 경험이 있어 콘텐츠 및 혁신서비스 법무에 익숙한 변호사입니다. 김유나 변호사의 법률서비스인 아트로는 뉴미디어, IT스타트업, 사회적 기업 등 법무 지원이 필요한 중소기업에게 기업의 가치를 공유하는 하나의 구성원이 되어 적극적인 법무 서비스를 제공하고 있습니다.

또한 문화예술 분야의 깊은 이해를 바탕으로 한국화랑협회 공식 자문사로 활동하며 국내외 전시가 안전하게 진행될 수 있도록 돕고, 소규모 제작사와 1인 창작자들에게 필요한 법률 지원 및 강의를 꾸준히 이어나가는 등 건강하고 공정한 창작 생태계에 일조하고 있습니다.

김 지 현 변호사

김지현 법률사무소 대표변호사
이화여자대학교 법학과
한양대 법학전문대학원
대한변호사협회 이혼, 가사법 전문변호사

✉ kjh821101@hanmail.net

블로그 https://blog.naver.com/kjh821101

김지현 변호사는 이화여자대학교 법학과와 한양대 법학전문대학원 석사를 거쳐 2014년 변호사시험에 합격한 이후 6년간 가사전문 로펌에서 고용변호사로서 기초부터 탄탄하게 경력을 쌓아왔습니다.

지금까지 수백 건의 이혼, 상속, 친권 및 양육권 소송, 유언 등 가사 사건 전반에 대한 상담, 송무 및 자문 업무를 성공적으로 수행하며 에이스 변호사로 인정받아 온 김지현 변호사는 대한변호사협회 인증 이혼, 가사법 전문변호사로 최근 1인 변호사로 독립하였습니다.

특유의 따뜻함과 편안함으로 소송 중의 힘든 의뢰인의 마음을 치유해 주는 동시에 탁월한 공감능력과 경청하는 자세로서 의뢰인의 마음을 대변하고, 설득력 있고 핵심을 꿰뚫는 서면과 변론으로 많은 굵직하고 난이도 높은 사건을 승소로 이끌어내어 의뢰인들의 신임을 얻는 변호사입니다.

나단경 변호사

법무법인 모두의법률 변호사
이화여자대학교 법학과
아주대학교 법학전문대학원 5기, 제5회 변호사시험
前) 법무법인 로고스 소속변호사
前) 머니투데이 칼럼 '나단경 변호사의 법사용설명서' 연재
SBS 모닝와이드 연예뉴스 인터뷰 자문
✉ ndk@everylaw.co.kr

나단경 변호사는 법무법인 로고스 소속변호사 시절을 거쳐, 현재는 법무법인 모두의법률 용인사무소 변호사로 "잘 아는 변호사들"이라는 모토로 활발히 활동하고 있습니다.

부동산 관련 각종 민사·행정 사건과 하자소송, 암호화폐 블록체인 관련 소송 등을 전담하고 있으며 부수적으로 저작권, 계약서 자문 등을 담당하고 있습니다.

박 영 주 변호사

세려 법률사무소 대표변호사
사법시험 53회, 사법연수원 43기
형사 전문, 이혼 전문변호사
제주도 행정심판위원회 위원, 용산구청 상담변호사,
KBS 제보자들, 국회방송 우리들의 민주주의 고정 출연,
▶ 유튜브 채널 '박영주 변호사' 운영
www.seryeo.co.kr

박영주 변호사는 25살에 사법시험을 합격하여, 20대에 변호사가 되었습니다. 고용변호사 생활을 하면서 미래가 보이지 않는다고 생각 하여 빠르게 개업을 하게 되었고, 맨땅에 헤딩을 하듯 사무실을 오픈했습니다.

현재 유튜브 '박영주 변호사' 채널을 운영하고 있으며, 위 채널에서는 20대 친구들을 위한 공부방법, 멘탈 관리 그리고 법에 대한 생각을 이야기하고 있습니다. 각종 방송에 출연하고 있습니다.

또한 기업과 공공기관 등에서 생활법률, 성희롱예방강의 등 다양한 특강에 출강하고 있습니다. 치열한 경쟁 속에서 살아 남기 위해 자기개발을 꾸준히 하고 있습니다.

배준철 변호사

법무법인 J&F(Justice&Finance) 대표변호사
사법시험 제52회
사법연수원 제42기
부동산금융/자산유동화/부동산개발사업 관련 업무
사법시험 제57회 시험출제 및 검토위원

✉ baejc@jflaw.co.kr

배준철 변호사는 Project Financing, 자산유동화, 구조화금융, 부동산 개발사업(지역주택조합, 재개발 및 재건축 사업, 부동산 법률실사, 부동산 매각, 매수 자문, PFV 설립, 기업결합신고, 신탁사 소송 등)과 관련하여 다년간의 경험과 특화된 노하우를 바탕으로 부동산금융 및 부동산 개발사업 업무를 담당하고 있는 변호사입니다.

이러한 경험과 노하우를 바탕으로 현대건설, sk건설, 대방건설, GS건설, 대우건설, 포스코건설, 한신공영, 효성중공업, 호반건설, 중흥건설을 포함한 우리나라 주요 건설사와 하나은행, 국민은행, 우리은행, 미래에셋대우, 키움증권, 한국투자증권, NH투자증권, KTB투자증권, 하이투자증권, BNK투자증권, 하나금융투자, 한국캐피탈, 신한캐피탈, 신용협동조합, 새마을금고를 포함한 우리나라 주요 금융기관들과의 협업 및 자문경험이 많은 변호사입니다.

한편, 배준철 변호사는 자기계발 및 동기부여 그리고 선한 영향력에 대한 깊은 관심과 깊은 고민으로 이와 관련된 브랜딩 업무를 기획하고 있고, 각 분야의 전문가들과 왕성하게 협업을 진행하고 있기 때문에 앞으로의 모습이 더욱 기대되는 변호사입니다.

백 지 윤 변호사

법률사무소 제이앤 대표변호사
서강대학교 법학전문대학원
(전)대한법률학원 출강
대한변호사협회 인증 형사법, 민사법 전문변호사
✉ lawofficejand@gmail.com

백지윤 변호사는 민사, 가사, 행정 등 송무 경험이 많은 변호사입니다. 송무 경험과 지식을 나누기 위하여 대한법률학원에 1년 이상 출강하였습니다.

백지윤 변호사는 대한변호사협회 인증 형사법, 민사법 전문변호사로 등록되었고, 2020. 현재 대법원 및 서울남부지방법원 국선변호인으로 활동하고 있습니다. 나아가 엔터테인먼트, 프랜차이즈 회사 운영에 관련된 법적 자문 및 상업등기까지 고객 맞춤형 원스톱 서비스를 제공하며 업무영역을 넓히고 있습니다.

의뢰인과의 소통과 공감을 바탕으로 다방향으로 최고의 만족을 드리기 위하여 노력하고 있으며 그러한 점에서 능력을 인정받고 있습니다.

변 세 진 변호사

법률사무소 제이앤 대표변호사
서강대학교 법학전문대학원
연세대학교 상경대학 경영학사, 경제학사
(전)법무법인 가온 변호사
(전)스탠다드차타드은행, 삼일회계법인 근무(공인회계사)
www.lawjand.com
✉ lawofficejand@gmail.com

변세진 변호사는 2002년 제37회 한국공인회계사 시험에 합격한 후 2003년 삼일회계법인 감사본부에서 사회생활을 시작하여 10여 년간 공인회계사로 일하였습니다.

어릴 적부터 오랜 꿈인 '변호사'가 되기 위하여 로스쿨에 진학하여 두 딸을 키우며 공부를 병행한 끝에 변호사가 되었습니다.
늦깎이 변호사이지만, 짧지 않은 사회 경험과 인생 경험을 바탕으로 위기에 선 의뢰인에게 조금은 더 지혜로운 조언을 드리고자 합니다.

주어진 매 시간, 매일을 감사한 마음으로 열심히 일하고 공부하면서, 믿고 사건을 맡겨주시는 의뢰인을 위하여 최선을 다하고 있습니다. '세상에 당연한 것은 없다'는 것을 인생의 원칙으로 삼아 항상 노력하고 성장하는 중입니다.

신 인 규 변호사

법률사무소 청직 대표변호사
로스쿨 4기, 변호사시험 제4회
지방자치연구소, 사계 이사장
《청년리더십》 저자
(리더를 리드하라!! 리딩마인드의 새로운 발견!!)
▶ 유튜브 채널 〈로이어삼남매〉, 〈위고(We go)〉 운영
✉ tlsdlsrb01@naver.com

신인규 변호사는 서울 출신으로 2015년 변호사가 되었습니다.

"변호사 답지 않은 변호사"를 인생모토로 삼고 있는 신인규 변호사는 지금도 송무뿐만 아니라 다양한 대외활동을 하고 있습니다. 신인규 변호사는 <청년 리더십>에도 관심이 많아서 현재 청년들을 대상으로 한 리더십 특강을 활발하게 하고 있습니다다.

한편, 변호사의 사회적 책임을 다하기 위해 정치, 사회 각 분야에서 왕성하게 활동하면서 이 시대의 새로운 리더를 길러내기 위해 불철주야 노력하고 있는 신인규 변호사, 앞으로의 활동이 더 기대됩니다. 과연 신인규 변호사의 10년 후 모습은 어떨까요.

안 중 건 변호사

법무법인 삼환 변호사
중앙대학교 법학과
원광대학교 법학전문대학원
전주지방검찰청 검사장상 수상
서울중앙지방법원 형사국선변호인
대법원 형사국선변호인
✉ 33thdal@gmail.com

안중건 변호사는 이혼전문 법무법인에서 고용변호사로 첫 변호사 업무를 시작하였습니다. 이혼전문 법무법인에서 근무하면서 남자 변호사로서는 드물게 다양한 유형, 다수의 이혼 사건을 처리해보았기에 그런 측면에서 상당한 강점이 있습니다.

또한 그에 더불어 당시 해당 법무법인에서 근무한 유일한 남자 변호사였기에 형사사건, 민사사건, 행정사건, 군인형사사건, 소년보호사건 등 가사사건을 벗어난 분야의 사건 또한 다양하게 다룰 수 있었고, 그에 따른 풍부한 경험이 있는 변호사입니다.

실제로 안중건 변호사는 꼼꼼하고 치밀한 성격으로 여러 종류의 민사사건에서 승소한 케이스가 많습니다. 대표적으로는 한 독일수입차 딜러사와 보험회사 사이에서 정비불량이 문제된 손해배상(구상금) 사건에서 피고였던 수입차 딜러사를 대리하여 CCTV자료, 차량 정비 전산자료 등을 면밀히 분석하여, 상대방이 차량기술법인의 전문적인 감정결과까지 제출하였음에도 불구하고 전부 승소판결을 받기도 하였습니다.

안중건 변호사는 항상 의뢰인이 원하는 바를 귀 기울여 듣는 태도를 가졌으며, 사건에 관하여는 누구보다 치밀하고 집요하게 접근하는 성향을 가진 변호사이기에, 어떤 사건을 맡기더라도 틀림없이 당신의 분쟁해결에 큰 도움이 될 것입니다.

안 현 주 변호사

변호사 안현주 법률사무소/이민법인 이지이민 대표
사법시험 제44회, 사법연수원 제34기
미국 코네티컷 주 변호사 (JD, LLM)

▶ 유튜브: 안현주 변호사 / 네이버 블로그 운영
✉ ahn.hyunjoo@gmail.com

안현주 변호사는 서울에서 나고 자라 이화외고 수석졸업 후 이화여대 법학과에 솟을관 장학생으로 진학, 대학 재학 중인 만 24세에 사법시험에 합격하였습니다.

2005년 사법연수원을 마치고 당시 외교통상부 최초 한국 변호사로 입부하여 한미 FTA등 주요통상협상에 법률자문으로 참여하였으며 2007년 한미 FTA 협정문 최종본 법률검토팀에서 변호사와 협상가로 활약하였습니다.

이후 미국으로 건너가 NYU 로스쿨에서 법학석사(LLM), 코네티컷 주립대학에서 법학전문석사(JD)를 마치고 2015년 미국 코네티컷 주 변호사 자격증을 취득하였습니다.

현재는 디지털 노마드를 추구하는 1인 변호사로 활동하며 그간의 다양한 경험을 살릴 수 있는 고유한 업무시스템을 구축하며 활동영역을 넓혀가고 있습니다. 기본 변호사업무 외에 외국인 관련 사건을 주로 수행하며, 주한 외국인을 위한 한국법률정보를 제공하기 위하여 지역 영어라디오방송 출연 및 미국 로스쿨 진학 정보를 제공하는 유튜브를 운영합니다. 미국 전문직영주권을 위한 이민법인 이지이민 대표이기도 합니다.

세 아이의 엄마로 경력단절 여성을 위한 네트워킹과 자유로운 1인 변호사 모임에 특별한 애정을 가지고 있습니다.

윤 형 주 변호사

변호사 윤형주 법률사무소
전남대학교 법학전문대학원
(전) DHL Supply Chain Singapore
(전) (주)엠비씨아트 사내변호사
(전) 법무부 교정본부 송무담당 변호사
✉ law1585@naver.com

윤형주 변호사는 대학 졸업 후 싱가포르 소재 미국계 물류회사에 취직하여 일하다가 법조인의 꿈을 품고 귀국 한 후 법학전문대학원에 진학하였습니다. 재학 중 법무법인 로고스 하노이 사무소 인턴을 거쳤고, 제5회 변호사시험에 합격하여 변호사가 되었습니다.

(주) MBC아트 사내변호사와 법무부 교정본부 송무담당 변호사를 거쳐 현재는 광주 지방법원 근처에 개업해 있습니다. 행정소송, 손해배상, 이혼, 형사소송 등의 업무를 주로 수행하고 있고, 영어와 일본어에 능통해 외국인과 외국기업을 위한 법률 자문 및 지역 영어라디오 방송에서 영어 법률상담도 진행하고 있습니다.

이 유 하 변호사

법률사무소 청당 대표변호사
이화여대 법학부
✉ yuha.lee@cheongdang.com
www.chdlaw.co.kr

이유하 변호사는 이화여대 법대를 졸업하고 변호사시험에 합격한 후 충남 천안에서 법률사무소 청당을 운영하고 있습니다.

2014년부터 지금까지 대법원 국선변호인을 비롯한 공익 활동뿐만 아니라 민사 가사 등 다양한 사건을 맡아 성공적으로 조력하였고 주요 분야는 민사 부동산 관련 분쟁, 가사 이혼 사건 등을 다루고 있습니다. 정확한 법리의 제시와 다양한 실무 경험을 바탕으로 해당 지역 사회를 대표하는 법률사무소로서 자리 잡고 있습니다.

또한 법률사무소 청당은 미국변호사님을 영입하여 해외수출기업 및 영문계약의 조력 등에 집중하고 있으며, 지역 사회의 법무사와도 연계하여 원스톱 법률서비스를 제공하는 역할 또한 수행하고 있습니다.

임 선 후 변호사

법무법인 대양 대표변호사
(전)법무법인 정론 변호사
고려대학교 법과대학
✉ sunhoolawyer@naver.com

임선후 변호사는 고려대학교에서 법학을 전공하고 변호사시험에 합격하여 변호사가 되었으며, 법무법인 에스알, 법무법인 정론 등에서 근무했습니다. 공감과 소통의 가치를 중요하게 생각하여 의뢰인들과도 최대한 진솔한 소통을 통해 좋은 결과를 이끌어 냅니다.

법무법인 어쏘변호사 생활에 스트레스가 심해 임신 출산과정에서 퇴직을 하였지만 의뢰인들과 공명할 수 있는 1인 개업변호사 생활이 오히려 적성에 맞습니다.

변호사는 항상 스스로 공부하고 의뢰인들 편에서 치열하게 사고하며 발전합니다. 이러한 면에서 열정만 가득하다면 1인 개업변호사라는 점이 흠이 될 수 없습니다. 부족한 법적 시각 등은 다른 법률전문가나 1인 개업변호사들과의 교류를 통해 채울 수 있습니다. 1인 개업변호사를 꿈꾸는 법조계 선후배 여러분들의 건승을 빕니다.

임 주 혜 변호사

법률사무소 유어스 대표변호사
고려대학교 법학전문대학원 3기
개인정보보호위원회 자문변호사
연합뉴스 TV 자문변호사
前 LG전자 법무팀
http://www.yourslaw.co.kr

임주혜 변호사는 고려대학교 법학전문대학원 3기 출신으로 변호사시험 3회 합격 후 LG전자 법무팀에서 6년간 근무하였습니다. 국문 및 영문 약관, 개인정보수집이용 동의서 작성, 국내외 개인정보 규제 대응 등 개인정보 관련 업무를 총괄하였고 굴지의 소프트웨어 회사와의 저작권 분쟁 등을 수행하며 폭넓은 기업 법무 경험을 쌓았습니다.

현재는 유어스 법률사무소의 대표변호사로 법률신문사 법교육센터 개인정보실무 강사로 활동하는 한편 기업, 대학교, 문화센터 등에서 생활 법률 특강 강연을 진행하는 등 활발한 강연 활동을 펼치고 있습니다. 또한 연합뉴스 TV, MBC, MBN, 법률방송 등에서 자문 변호사 및 고정 패널로 방송 활동도 이어가고 있습니다.

대기업 출신의 전문성 및 각종 방송활동 및 강의 경험을 바탕으로 한 공감 능력으로 특히 스타트업 법률자문과 가사 소송에서 두각을 나타내고 있습니다.

하 서 정 변호사

홈즈 법률사무소 대표변호사
서울대학교 경영학과(법학 부전공)
중소벤처기업부 법률전문위원
조세연수원 수료
서울지방변호사협회 중소벤처기업법포럼 상임이사
✉ hsj@homeslawfirm.com
www.homeslawfirm.com

하서정 변호사는 서울대학교 경영학과, 법학과를 졸업하고, 변호사시험을 합격하여 변호사가 되었습니다.

현대중공업, 한국전력공사, 한국전기연구원을 거쳐 근무하며, 폭넓게 사·공기업 경험을 쌓았고, 이후 법률사무소 WINWIN, 법무법인 청린의 파트너 변호사를 거쳐 현재는 역삼역 강남 파이낸스 센터에서 홈즈 법률사무소의 대표변호사로, 이혼, 기업법무에 특화된 역량을 드러내고 있습니다.

그뿐만 아니라, 법률방송 TV 생방송 법률상담에 고정출연하고, EBS 2019 BLOSSOM 청소년영상제 학교폭력 방지 캠페인, KBS2 주말드라마 "하나뿐인 내편" 법률자문을 맡아 방송활동을 수행하고 있으며, 기업들의 요청을 받아 김영란법 바로알기 특강, 중소벤처기업지원법령 특강 등 강연활동도 부지런히 펼치고 있습니다.

그밖에 중소벤처기업부 법률전문위원, 광진경찰서 및 서초구청 법률자문위원 및 정보공개심의위원회 위원, EBS 희망의교실, 한국법조인협회 인권위원회 활동을 통해 사회를 위해 봉사하는 노력도 게을리하지 않고 있습니다.

한 경 희 변호사

윤익 법률사무소 대표변호사
제3회 변호사시험 합격
이화여자대학교 법학전문대학원
고려대학교 행정학과 학사, 석사
대한변호사협회 선정 '우수변호사'
✉ khhan@unqlaw.com
www.unqlaw.com

한경희 변호사는 '사회에 도움이 되는 변호사'가 되겠다는 마음으로 2014년 법무부 인권국에서 변호사 업무를 시작하였습니다. 그동안 법률구조의 한 축을 담당해오면서 수많은 의뢰인의 법적 문제를 성공적으로 해결하였습니다. 특히 의뢰인에 대한 뛰어난 공감 능력과 진정성 있는 조력, 성실한 공익활동의 노력을 인정받아 2019년 대한변호사협회의 '우수변호사'로 선정되었습니다.

2019년부터 윤익 법률사무소의 대표변호사로 다양한 소송을 수행하며 의뢰인과 직접 소통하여 최선의 결과를 이끌어내고 있습니다. 또한 숭실대학교 상담센터 자문위원, 서울가정법원 국선보조인, 강서구청 유통업상생발전협의회 위원, 한사회장애인성폭력 상담센터 자문위원, 법률방송 고정출연 등 여러 분야에서 활발하게 활동하고 있습니다.

함 석 헌 변호사

법률사무소 세헌 대표변호사
한양대학교 법학과
한양대학교 법학전문대학원
구리경찰서 수사민원상담센터 법률상담 변호사
㈜이상봉 등 다수 기업 자문
✉ ham@seheonlaw.com

함석헌 변호사는 남양주 출신으로 서초동에서 만 4년간의 고용변호사 생활을 마친 후 고향인 남양주에 법률사무소 세헌이라는 명칭으로 법률사무소를 개소하였습니다.

고용변호사 시절, 변호사로부터 법률서비스를 제공받는 것에 부담을 느끼는 고객들이 아직도 많이 존재한다는 것에 안타까움을 느꼈기에, 법률사무소를 개소한 이후에는 "쉽게 찾는 동네 변호사"를 모토로 지역 출신의 젊은 변호사라는 이점을 살려 소액 민사, 경미한 형사 등 사건의 규모를 가리지 않고, 친절한 법률서비스를 제공하고 있습니다.

최근에는 기성 법조인들이 그동안 관심을 두지 않았던 '부동산 경매, 상업등기, 부동산등기' 분야까지 업무 영역을 무섭게 확장하고 있는 중이며, 법률사무소 세헌은 별다른 유료 광고를 하지 않고 있음에도, 남양주에서 그 이름이 알려지고 있는 중입니다.

이 진 행 (디지털 마케터& 콘텐츠 크리에이터)

📝 블로그 https://marketer-jin.tistory.com/
▶ 유튜브 https://www.youtube.com/c/MarketerJin
f 페이스북 https://www.facebook.com/digitalmarketer.jin
📷 인스타그램 https://www.instagram.com/marketer.jin/
✉ atoc.jinny@gmail.com

이진행은 서울대학교 고고미술사학과 졸업 후 10년 이상 미디어센터에 몸담으면서 공동체미디어 정책 연구 및 지원, 미디어교육 등의 활동을 했습니다. 현재 캐나다에서 Digital Marketing & Marketing Analytics를 공부하고 있습니다. 더불어 디지털노마드로서의 삶을 추구하며 유튜브를 비롯한 각종 콘텐츠를 제작하고 채널을 운영하고 있습니다.

캐나다에 오기 전까지 호주 유학원에서 디지털 마케팅과 유학 상담을 했고, 그전에는 한국에서 개인적인 로망을 실현하기 위해 작은 동네 카페를 운영하면서 혼자서 디지털 마케팅을 하며 우여곡절을 겪었습니다. 이런 경험들을 통해 디지털 마케팅에 대한 경험과 전문적인 공부의 필요성을 느끼게 되었습니다.

로망과 현실 사이에서 여전히 부유하고 있는 삶이지만, 그만큼 자유로운 노마드로 지내고 싶습니다. 디지털 마케팅 관련 경험과 지식으로 누군가에게는 구체적인 도움을 줄 수 있었으면 하는 바램입니다.

특별 부록

퇴사의 기로에 있는 변호사를 위한 지침서

■ 내가 일하는 곳이 '블랙'이 맞을까

흔히 통용되는 '블랙'이라는 단어는 직장을 구해야 하는 변호사가 경계하여야 할 법률사무소 및 법무법인의 목록인 '블랙리스트'를 줄인 말이다.

법률사무소 및 법무법인이 블랙으로 선정되는 이유를 살펴보면 다음과 같다.

i) 급여 및 대우가 좋지 않아서 ii) 사무장펌이라서 iii) 대표의 인격 등 인적인 문제 - 이 세 가지 문제로 정리 할 수 있다. 이러한 사유를 관통하는 것을 보자면 바로 "변호사로서 자긍심"이라고 할 수 있다. 변호사로서의 자긍심을 가질 수 없고 동시에 정신적으로든 육체적으로든 소모되어 갈려지는 느낌이 든다면 블랙으로서 피해야 하는 사무실이다.

그렇다면 내가 일하는 곳이 '블랙'인지는 어떻게 알 수 있을까?

1) 사건이 너무 많고 관리가 잘 안 되는 곳은 블랙이다

이혼전문, 가사전문 펌들은 뜻하지 않게 블랙리스트에 거론되는 경우가 많다. 가사사건 특성상 품이 많이 드는 소송인데다가 예민해진 의뢰인들을 상대하는 감정노동이 많고, 광고로 수임을 하여 업무가 너무나 과중한 곳이 대부분이기 때문이다. 즉, 이런 펌은 엄청난 광고비를 들여 광고로 수임을 하여 규모가 급성장하면서 인력을 제때 충원하지 못하여 사건 진행과 관리가 잘 안되다 보니 변호사들이 과중된 업무를 견디지 못하고 퇴사자들이 속출한다. 후임자도 들어갔다가 방치된 사건들을 꾸역꾸역하다가 감당이 안 되어 또 그만두고 그것이 반복되는 경우다.

2) 대표가 진상이면 블랙이다

대표가 인격적으로 너무 부족하여 다혈질이라던가, 인격모독도 서슴지 않는다던가, 혹은 성추행을 하는 경우 등이다. 이런 경우는 사실 오래 버틸 수 있는 사람이 흔하지 미리 알고 피할 수 있다면 반드시 피해야 하는 펌이다.

대표가 인격적으로는 나쁘지 않지만 너무 작은 것까지 간섭하는 마이크로매니저인 경우도 블랙에 속할 수도 있다. 보통 이런 펌은 규모가 작아서 대표가 고용변호사의 사건을 모두 파악하고 관리하며, 고용변호사는 서면 작성이나 겹치는 사건의 재판 출석 등의 용도로 쓰는 펌이 될 것 같다.

3) 고용변호사 월급부터 밀리면 블랙이다

고용변호사로 일을 배우는 것도 좋지만 기본적으로 먹고살려고 하는 일인데 월급이 밀리는 펌은 문제가 크다. 그리고 월급을 안 주고 싶어서 안 주는 대표가 있겠느냐마는 대부분 사무실에서 큰 고정 비용은 고용변호사의 월급이다. 따라서 다른 비용은 그대로 지불하면서 사무실 사정에 따라 고용변호사의 월급을 제때 안 준다거나 퇴직연금을 안 들어준 경우 결국은 나중에 제1순위로 정리되는 자리라는 것이다. 그러니 괜히 들어갔다가 이제 그만 나와라 소리 듣기 전에 미리 알고 피해야 한다.

■ **경력직으로 이직하는 팁**

1) 보통 일이 많아져 제때 충원하는 자리에 들어가면 신건부터 받기 때문에 소장부터 차례 차례 진행되고, 한 건 한 건 감당할 수 있는 수준으로 신건들을 채워주니 신입을 뽑아도 충분히 감당 가능하기 때문에 이런 자리에 꼭 경력직을 뽑진 않는다. 물론 제때 인원을 충원하면서도 신건 들어오는 속도가 빨라 트레이닝해줄 시간과 인력이 없어 이런 자리도 경력직으로 뽑는 데도 있긴 하지만 말이다. 경력직 이직으로는 이런 자리가 가장 좋다.

2) 그 다음 전임자가 잘 진행해둔 사건을 전임자 개인적인 사유로 퇴사하여 이어받는 자리가 좋은 자리인 것 같다. 보통은 고용변호사가 40~50건씩 진행하다가 그만두는 경우, 6개월~1년 이상씩 진행된 40~50건을 두고 퇴사하여 이를 후임자 한 사람이 받아서 진행하려면 신입으로는 도저히 감당 불가능하기 때문에 경력직을 찾게 된다. 경력직 이직은 보통 이런 자리들이 많기 때문에 아무리 전

임자가 잘 진행해둔 사건을 이어 받아도 처음 들어가서 몇 달은 사건 파악하느라 고생을 하게 되어 있다. 그래도 전임자가 좋게 떠나는 경우는 사건들을 많이 종결시키고 후임자가 들어와서 이어받아도 문제가 덜 하게끔 정리를 하고 나가는 경우가 많으므로 이직을 하려면 이런 자리인지 잘 알아보고 하는 것이 좋다.

3) 그러나 일이 너무 많아 퇴사자가 속출하는 소위 '블랙'사무실에 가면 제때 진행되지 못하고 방치된 사건(서면을 넣지 못하고 기일 연기나 속행으로 겨우 막아둔 사건)을 받아 한꺼번에 사건을 파악하고 진행을 시켜야 하는 데다가 그 상황에서 신건까지 받아 처리해야 한다. 이런 곳에는 인원을 확 늘려서 사태를 진정시키기 전까지는 적절한 인력을 찾아 제때 충원하는 것이 어려워 계속 퇴사자들이 속출하고 사건은 몇 달간 기일 연기만 시키며 진행되지 않고 스톱되어 있는 경우도 많다.

나도 이런 자리에 몇 번 들어가서 사건들을 처리해준 적이 있는데 정말 심하면 한 사건에 변호사가 4번 바뀌고, 사건이 1년씩 진행이 안 되어 있는 경우도 보았다. 의뢰인들은 사건 진행이 빨리 안 된다고 아우성이고 이미 두세 번 연기했던 기일을 또 연기할 수도 없고 울면서 밤 1시까지 일하다 집에 가서 조금 자고 새벽 일찍 나와 또 서면 쓰고, 어떤 날은 건물 문이 다 잠겨 경비아저씨 숙직실을 찾아 건물을 헤매는 그런 생활을 반 년 이상 한 때도 있었다.

어떤 곳은 저런 사건들만 몰아주면서도 사건 수 적게 줬다고 생색내며 뻔뻔하게 월급을 깎는 펌도 있으므로, 여기서 또 이직 팁을 주자면 절대 담당하는 사건 수로 계약을 하면 안 된다. 사건의 경중이 있기 때문에 어떤 사건을 주느냐에 따라 노동 강도는 달라진다.

4) 이직을 고민할 때 고민을 토로하면 다들 "대표들은 어느 정도 다 비슷하다. 그 정도는 양반이다. 괜히 피하려다 더한 대표 만난다."거나 "더 블랙인 곳과 덜 블랙인 곳만 있을 뿐이니 월급만 안 밀리면 더 다녀봐라."이런 조언을 많이 듣게 된다.

그래도 분명 '더 블랙'인 곳은 있으니 그런 곳은 피할 수 있다면 피하는 것이 맞고 괜히 첫 경력으로 그런 곳에 갔다가 경력이 엉망이 될 수도 있으니 들어가기 전에는 그런 정보가 있는 사이트나 인맥을 총동원해서 전직자의 말을 잘 들어보고 판단 하는 것이 좋겠다.

■ **이런 경우라면 버텨도 된다**

1) 블랙은 쳐다보지도 말아야 하는 곳이 맞다. 로스쿨 재학시절 어느 중견 로펌의 대표가 행사장에서 "호랑이는 죽어도 풀을 뜯어 먹지 않는다."며 변호사로서의 자긍심을 강조하는 연설을 했었다. 변호사로서의 자긍심은 1인 기업 변호사 생활을 하며 "변호사로서의 나"를 지탱해주는 주효한 덕목이 되며 당신을 관통하는 정체성

이 된다. 스트레스가 큰 송무 시장에서 버틸 수 있는 정신적인 지주가 되기도 한다.

그럼에도 불구하고 블랙에 취업했다면 버티는 선택을 해야 하는 상황이 올 수 있다. 소위 말하는 '블랙의 미덕'이 자신의 상황에 부합하여 타협할 만한 지점이 있다면 당장 퇴사하지는 말고 한시적으로 적을 두며(즉 월급을 받으며) 어느 정도 시간을 가지며 구직활동을 할 것을 권하고 싶다. 물론 이는 개인적인 경험에서 나온 지극히 개인적인 견해이다.

개인적인 예를 들자면 두 번째 직장은 대표변호사가 사정이 있어 힘을 잃고 사무장이 득세하는 곳이었다. 그럼에도 이곳의 미덕은 i) 출퇴근 시간이 비교적 자유롭다. 사건 진행과 의뢰인 관리만 제대로 된다면 출퇴근 시간을 엄수할 필요가 없다(물론 야근을 고려한다면 변호사에게 퇴근시간이란 원래 형식적인 것이긴 하다.). ii) 다양한 분야의 사건을 겪어볼 수 있다. iii) 사무장에 대한 반작용으로 고용변호사들간의 관계가 끈끈하다.

블랙은 특성상 이직이 잦고 변호사가 자주 바뀌기 때문에 아무도 사건에 대해서 책임지지 않는다. 이러한 블랙에서 겪었던 기가 막히게 꼬인 사건들과 진상 의뢰인들이 1인 개업변호사로서 개업 후 자양분이 되었던 것을 부인할 수 없다. 또 사건이 제대로 관리되고 있지 않은 블랙에서 제대로 일한다면 의뢰인들은 당신을 '나의 변호사'로 생각해준다. 의뢰인의 입장에서 당신의 비교대상은 사건에 허덕이느라 제대로 관심을 주지 않은 선임변호사이기 때문이다. 이렇게 당신을 '나의 변호사'로 인식해준 의뢰인은 다음 소송사건에서 당신을 찾아와준다. 또한 블랙에서 함께 고생했던 동료 고용변호사는 여전히 끈끈한 관계로 남아 있다. 남자들이 말하는 군대 동기들의 우정이 이런 것일까 생각한 적도 있다. 당신이 가장 고생하던 시기에 동료로서 옆자리를 지켰던 그 사람은 학교 선후배들, 동기들과는 또 다른 의미를 가지게 될 것이다.

블랙이 되는 이유는 다양하다. 물론 변호사로서 자긍심을 갉아먹는 펌을 어느 정도까지 허용해야 하는지 고민이 많을 줄 안다. 그러나 허용될 수 있는 지점이 있다면 과감하게 더 경험해 보는 것도 추천 하며 그 기간은 분명히 1년 이내의 짧은 기간으로 하길 바란다.

2) 위와 같은 블랙은 미리 잘 알아서 내가 결코 버틸 수 없겠다 싶은 곳은 들어가기 전에 거르는 것이 가장 좋겠지만 들어가기 전엔 전혀 몰랐거나 취업이 안 되어 어쩔 수 없이 블랙에 들어갔다면 나는 버틸 수 있을 때까지는 버텨보라고 말씀드리고 싶다.

위에서도 말하였듯이 블랙이더라도 장점이 있는 곳들이 충분히 있고, 앞으로 좋아질 가능성이 있는 블랙의 시기를 거치고 있는 곳도 있다. 그런 곳이라면 그런 장점들을 보며 내가 얻을 수 있는 것은 다 얻고, 내가 배우고 경험할 수 있는 것들은 다 경험한 후 조금이라도 성장하고 좀 더 좋은 선택지가 있을 때, 더 좋은 기회가 생겼을 때 이직을 해도 충분히 괜찮다. 내가 있는 곳이 블랙 같아도 다른 데 가보면 더 블랙인 곳도 많다.

뭔가 갑자기 꼰대스러운 말이긴 하지만 변호사 수가 많아지면서 블랙인 곳도 아마 더 많이 생겼을 것이다. 그만큼 변호사 업계의 사정이 어려워지고 처우가 안 좋아졌다는 뜻이 될 수도 있다. 물론 이를 바꿔야 하겠지만 쉽게 바뀌지 않는 것이 현실이기도 하다.

부푼 꿈을 안고 변호사가 되었는데 블랙에 들어가면 절망스러울 것이다. 빨리 벗어나고 싶을 것이다. 그러나 섣불리 이직을 했다가 더 블랙에 들어가 단기간에 이직을 반복하며 이력서가 엉망이 되는 안타까운 사연도 많이 보았다.

그래서 주제넘게 소위 블랙이라고 하는 곳에 많이 다녀보았던 사람으로서 조언을 하자면 그 곳에서 내가 얻을 수 있는 것은 다 얻은 후 더 좋은 선택지가 나타났을 때 움직이라는 것이다. 여기서 관련 사건 몇 십 건을 다 채워서 전문 등록을 한 후 나가겠다거나 분야별로 몇 건씩을 소송 처음부터 판결까지 다 경험해보고 나가겠다거나, 1년은 채우고 퇴직금을 받아 나가겠다는 등의 목표를 정하면 그 목표를 다 채울 때까지 버티는 것이 좀 더 수월할 수 있을 것이다.

나는 지금까지 고용변호사로서 일하면서 그 펌에서 더 이상 배울 것이 없다거나 더 이상 성장할 수 없다는 생각, 한계를 느꼈을 때 더 이상은 버티기가 힘들다. 반대로 너무 힘들어서 그만두었지만 좀 더 버텼더라면 더 많이 성장할 수 있었을 텐데 싶은 곳은 훗날에라도 조금 더 버텨볼걸 그랬나 아쉬움이 들 때도 있더라.

처우가 열악하고 일이 힘들었어도 버틴 만큼 나중에 돌이켜보면 '그때 많이 경험하고 컸구나.'라는 생각이 들었다. 쉬운 사건보다 어려운 사건을 하면서 힘들긴 하지만 더 많은 것을 배울 수 있듯이 말이다.

그러게 버티다보면 블랙으로 낙인 찍혀 인력 수급에 어려움을 느껴본 회사에서 깨달음을 얻거나, 혹은 재정 상태가 너무 좋아져 처우가 좋아질 수도 있고, 대표도 사람이기에 열심히 일하는 사람에게는 그에 마땅한 대가를 주게 마련이라 회사에서 인정받아 신임을 받으며 전보다 편한 생활을 할 수 있는 때가 올 수도 있다.

그러니 남들이 블랙이라고 한다고 너무 위축되거나 좌절하지 말고 이왕 블랙에 들어갔다면 그 곳에서 얻을 수 있는 것, 장점들을 잘 보고 나의 성장에 도움이 된다면 최선을 다하여 보고 난 후 좀 더 좋은 선택지가 나타났을 때 이직을 하는 것도 좋을 것 같다. 아마 블랙에서의 시간도 그렇게 유익하게 보낸다면 곧 더 좋은 기회가 분명 나타날 거라고 확신한다.

물론 이것은 내 생각일 뿐이고 사람의 가치관에 따라 못 견딜 정도로 스트레스 받고 그로 인해 건강이 상할 정도이거나 불행하다면 하루빨리 그만두는 것이 회사로서도, 본인으로서도, 함께 일하는 동료로서도 좋을 것이다. 이왕 일하는 것 긍정적으로 생각하고 일하라는 것이지 그것이 되지 않는다면 빨리 그만두는 것이 맞다.

평생직장은 없고 이제 회사는 내 인생을 책임져주지 않기 때문에(변호사는 이직이 잦으므로 더욱 더 그렇다) 내가 희생한다는 생각이 들면 안 된다. 짧은 인생 내가 행복하지 못하다면 그 무엇이 의미 있겠나.

■ 이런 곳이라면 퇴사가 낫다

사무장 펌이라 하면 사무장이 펌을 직접 차려서 수임과 운영을 하고 고용변호사를 뽑아 사건 진행을 맡기는 펌인데 이런 펌이라면 무조건 걸러야 한다. 사무장이 착수금만 모두 받아 챙기고 도망가 갓 나온 신입 고용변호사에게 의뢰인들이 모두 전화하고 난리가 난 일이 내가 일하던 펌의 바로 옆 건물에서 발생했다는 소문을 직접 들었다.

이렇게 직접적으로 사무장이 차린 펌이 아니더라도 사무장이 권력이 센 펌들이 있다. 대표가 직접 수임하기보다 사무장을 고용해 사무장이 수임을 해오고 이런 수익이 대부분인 펌은 사무장의 권력이 세질 수밖에 없다. 이런 펌의 경우 사무장은 변호사가 아니므로 수임만 하고 나면 나몰라라 하고, 사실상 사건 진행이나 결과의 책임은 변호사가 진다. 그렇기 때문에 무리한 수임을 하는 경우가 많고, 이런 사무실의 고용변호사는 정말 말도 안 되는 사건을 다 승소할 수 있다고 수임한 사무장을 대신하여 재판부의 경멸적인 시선과 사건이 끝난 후 의뢰인의 욕을 듣는 경험의 빈도가 다른 펌보다 좀 더 높고, 사무장과 자주 의견충돌을 겪으며 정신적 스트레스를 감수해야 하는 단점들이 있다.

물론 위 블랙의 종류 중 사무장펌, 성추행 등 절대적인 블랙인 경우 당장 나와야 한다. 그렇지만 상대적으로 내가 버틸 만한 블랙인 경우, 혹은 지금의 상황에서 퇴사를 하여도 또 비슷한 블랙에 들어갈 수밖에 없는 상황이라면 지금 있는 곳에서 더 버텨보라고 말하고 싶다.

■ **블랙도 충분한 의사소통을 통해 나아질 수 있다**

반면 모든 블랙이 평생 블랙은 아니다. 단지 '블랙인 시기'를 거치는 중인 펌도 꽤 많은 것 같다. 물론 저런 혼란을 겪다가 소리 소문 없이 사라져버리는 펌도 있지만, 시행착오를 겪으며 좋은 인력을 충원하여 안정을 찾고 재정 사정이 좋아지면서 처우도 좋아져서 더 이상 그렇게 블랙은 아닌 곳이 되는 펌도 꽤 많이 보았다.

그리고 보통 이런 펌은 고용변호사 수가 많고 규모가 꽤 큰 펌인 경우가 많은데 이런 펌만의 장점도 있다. 고용변호사가 많고 규모가 큰 펌인 경우 사건 수가 많기 때문에 대표가 모든 사건을 다 알고 관리하는 것은 불가능하다. 이 정도가 되면 대표는 변호사라기보다는 CEO가 되는 것이다.

따라서 이런 곳에는 고용변호사가 자기 책임 하에 주체적으로 사건을 진행해야하기 때문에 경험이 없는 신입 변호사들은 이런 펌에 들어가면, 특히 그 펌이 중간 관리자로서 사수를 두어 신입 변호사를 따로 트레이닝 시켜주는 시스템을 갖추지 못한 펌이라면 막막함과 어깨를 짓누르는 지나친 책임에 대한 부담감으로 버티기가 쉽지 않을 것이다.

그러나 반대로 충분한 경험을 가진 경력자라면 처우만 좋다면 자기 책임 하에 주체적으로 사건을 진행하는 것은 경험도 쌓고, 사건 진행의 자신감도 얻을 수 있고, 고용변호사지만 어느 정도 자유도 허용되는 장점을 충분히 누릴 수 있어 오히려 경력직 변호사들에게는 마이크로 매니징하는 펌보다 더 편할 수도 있다.

■ **블랙도 마음먹기에 따라 블랙이 아니다**

나는 소위 블랙펌에서 근무했다. 회사는 이혼사건을 주로 다루는 회사였지만 당연히 민사사건도 많았고, 나를 고용한 것이 형사사건 수임을 위해서였기 때문에 결국 나는 민사, 형사, 가사 사건을 고루고루 다뤄보게 되었다.

입사 후에서야 우리 회사가 흔히 말하는 블랙펌이라는 것을 알게 되었다. 하지만 생각하기에 따라 많은 사람이 불만으로 생각하는 요소도 본인 스스로에게 오히려 성장의 기회가 될 수 있다. 예를 들어 매주 진행한 회의 겸 스터디, 매주 업무보고, 그리고 고용변호사들이 돌아가면서 주제를 정리해서 진행하는 스터디의 준비는 생각보다 시간과 노력이 많이 필요했다. 그리고 매주 법률칼럼을 작성해서 직원에게 넘겨주어야 했고, 승소판결을 받는 경우에 그 내용을 정리해서 역시 직원에게 넘겨주어야 했다. 그 과정은 귀찮기도 했으나 결국 내가 스스로 찾아 공부하는 훈련 과정이 되었다. 마이크로매니징하는 대표님에게 있어 지각은 있어서는 안 되는 일이었고, 서면 초안을 검토 받는 과정에서 문장이나 문단부호 등도 꼼꼼히 살펴보셨기에 나를 비롯한 고용변호사들은 번번이 혼나기 일쑤였다.

사실 아는 것도 없는 초임 변호사니까 뭐든 쉽지 않을 거라는 점은 당연히 알고 있었지만, 야근을 밥 먹듯이 하고, 그 와중에 법률칼럼도 써야 하니 당연히 자꾸 밀리고, 가장 출근하기 싫은 월요일에는 스터디할 자료를 준비해서 자그마치 30분이나 일찍 출근을 해야 하다니. 뭔가 내가 생각한 '변호사 업무'에서 추가로 더 하고 있다는 생각을 하지 않을 수가 없었다. 한편 근무여건(넓은 방과 편리한 주차, 능력있고 좋은 직원들)과 높은 편인 급여 및 보상체계는 좋은 조건이었다.

따라서 과연 이 정도의 근무여건 – 대표님을 비롯한 사람들과의 관계, 업무의 강도, 출퇴근 거리, 급여조건 등등 – 이 과연 내가 여기 계속 다녀서는 안 될 정도의 것인지에 대해서는 결론을 내리는 것이 어려웠다. 점심시간마다 차를 마시면서 다른 고용변호사들이 하는 이야기를 들으면, 나는 당장 그만두는 것이 맞는 것 같았고, '그렇다면 당신들은 도대체 왜 그만두지 않는 거지?'라는 생각이 들었는데, 그럼에도 불구하고 정작 내가 다른 곳을 겪어본 적이 없었기 때문에 나 스스로 "여기는 내가 있을 곳이 못 된다."라고 판단할 자료가 너무 없었다.

같은 회사의 다른 변호사들이나, 다른 회사 고용변호사들의 이야기는 사실 다들 자기 입장에서의 지극히 주관적인 이야기이고, 무엇보다 보통 사람이 그렇듯 '안 좋은 이유'에 초점이 맞춰져 있었기 때문에 더더욱 그랬다. 그래서 방향을 좀 바꿔보았다. 내가 여기서 근무해야 할 이유를 생각해보기로 했다. '다른 데도 다 마찬가지일거야.'라고 생각하면서.

생각해보니 직원들은 다들 일처리를 매우 잘하면서도 착하고 친절했고, 대표님은 꼼꼼해서 고용변호사들을 지치게 만드는 측면도 있었지만, 사실 따지고 보면 오히려 초임 변호사인 내가 제대로 사건을 배우게 되는 것뿐이었으니 내게 나쁠 것은 없었다. 더구나 급여나 인센티브는 정확하게, 제때 지급되었고, 명절은 물론 형사사건으로 밤에 유치장에 가는 일이 많은 때에는 정해지지 않은 상여도 넉넉히 지급받았고, 전문인 배상책임 보험과 퇴직연금에도 가입되어 있었다.

그렇다면 '그럼 뭐가 나쁜 건가?' 하는 생각이 들었다. 변호사 등록비용을 지원해주지 않는 것, 대표님이 바로바로 지적하고 앞에서 싫은 소리를 참지 않고 다 하시는 것, 사건 수가 적지 않은 것, 월요일마다 이른 회의를 하고 스터디 준비를 하는 것 정도가 안 좋은 것으로 생각되는 부분이었다.

사람들의 이야기를 듣고, 직접 수개월간 근무를 해보고 내가 내린 결론은 바로 다음과 같았다. 대표님과의 커뮤니케이션 문제였다. 본인이 피고용인이라는 생각보다, '나도 변호사인데…'라는 생각에서 시작되던 불협화음, 그리고 대표로서는 그런 태도를 가진 고용변호사를 대하면서 '내가 대표인데…'라는 생각을 하지 않으실 수 없다보니 서로에게 꼭 필요한 대화가 잘 이루어지지 못하는 사정이 있었다. 그러다보니 사실상 업무 외적인 충돌이 많게 되었고, 고용변호사의 특성상 미련없이 이직하는 일이 반복되는 악순환이었다.

결론적으로 나는 그 회사에서 장기근속을 하였다. 그럴 수 있던 이유는 위에서 말한 그대로 '커뮤니케이션 문제'를 해결하려 적극적으로 시도했기 때문이 아닐까 생각한다. 대표님과 고용변호사 사이에서도 힘든 일, 짜증나는 일, 좋은 일들을 조금씩 터놓고 이야기하기 시작하였고, 때로는 에둘러 말씀드리지 않고 솔직하게 설명하면서 양해를 구하기도 했다. 다른 변호사의 고충을 대신 이야기하기도 하고, 대표님이 나의 실수 때문에 기분이 상하시면 빨리 인정하고 수습한 후 다시 대화를 시도하기도 하였으며, 아닌 건 아니라는 말씀도 그냥 편하게 이야기하곤 하다 보니 대표님뿐만이 아니라 근무하는 고용변호사들도 점차 변하게 된 것이다.

결국 그곳은 '객관적으로 다니지 못할만한 블랙펌'은 전혀 아니었다. 못견디고, 싸우고 나가곤 했던 일들이 잦았던 까닭은 다만 뭔가 서로 마음을 열거나 하는 타이밍이 맞지 않은 채, 불만이나 불신이 먼저 생겨버렸던, 일종의 우연 내지는 시의적절하지 못함 때문이 아닐까. 급여가 밀리는 곳, 4대보험 가입조차 안 되어 있는 곳, 전문인 배상책임 보험의 가입이 안 되어 있는 곳들도 얼마나 많은가. 내가 다녔던 곳은 사실 그런 측면에서 보면 좋은 곳이 맞았다. 대표변호사님의 귀가 닫혀 있는 곳이 아니었기 때문이다.

따라서 이제 막 변호사가 되어 취업준비 중인 분들에게 아주 기본적인 것들이 지켜지는 곳이라면 사실 블랙펌인지 여부는 내 마음먹기에 달려 있는 것이라고 감히 말씀드릴 수 있다. 대표변호사님이 아예 이야기가 통하지 않는 분만 아니라면 말이다.

세상의 아주 많은 일이 다 비슷하듯, 어차피 당신 자신이 어떻게 하는지가 제일 중요한 부분이라는 것, 그리고 아마도 몇 년의 시간이 지나면 어떠한 식으로든 개업을 하게 될 것이고 그때 그곳에서 겪었던 일들은 다 나의 자산이 되어 있을 것이라는 점을 더불어 말씀드리고 싶다. 아침의 스터디, 주제가 떠오르지 않아 고민하며 적던 법률칼럼도, 서면 초안을 드리고 번번이 혼이 나던 경험도 모두.

나는 아직도 전 직장 근처 법원에 가면 늘 사무실에 들러 대표님과 차를 나누며 담소를 한다. 앞으로도 그럴 것이다. 누가 뭐래도 나에게는 첫 직장이요, 또한 꽤 괜찮은 직장이었기 때문이다. 당신도 마찬가지일 수 있다.

변호사 21인의 성공 전략
SUPER 1인 변호사

초판발행　2020년 12월 25일
초판2쇄발행　2021년 02월 19일

지은이 l 안현주 외 21인
디자인 l 이나영
펴낸곳 l 주식회사 필통북스
등록 l 제2019-000085호
주소 l 서울특별시 관악구 신림로59길 23, 1201호(신림동)
전화 l 1544-1967
팩스 l 02-6499-0839
홈페이지 lhttp://www.feeltongbooks.com/

ISBN 979-11-90755-51-1 [13320]

ⓒ 안현주 외 21인, 2020

지혜와지식은 교육미디어그룹
주식회사 필통북스의 인문서적 임프린트입니다.

정가 23,000원

l 이 책은 저자와의 협의 하에 인지를 생략합니다.
l 이 책은 저작권법에 의해 보호를 받는 저작물이므로
　주식회사 필통북스의 허락 없는 무단전재 및 복제를 금합니다.